教育新議題叢書11

教育政策與前瞻教育實務

吳清基　主編

吳清基　盧延根　謝念慈　林子超
陳盈宏　郭怡立　張明文　顏國樑
葉佐倫　許籐繼　范熾文　紀惠英
陳碧卿　劉國兆　林立生　陳明君
許淑酌　楊振昇　合著

五南圖書出版公司 印行

主編序

　　教育是國家百年樹人的大計，也是人類的希望工程，教育更是一種成己成人的志業，可幫助一個人向上社會流動，一向爲人所重視。任何國家的教育發展，都關係著該國家未來政治、經濟、社會的成就發展。換句話説，教育政策的擬定，不僅對國家人才培育的影響深遠，對該國未來的國際競爭力，也是關係重大值得關注。

　　近年來，社會變遷快速，人才培育政策自然也必須有所前瞻因應。其中，大學是培育國家高級人力的場所，更是攸關國家競爭力強弱的關鍵力所在。臺灣近年來強調大學社會責任（university social responsibility, USR），主張大學人才的培育，要結合社會發展需要，大學不能再自己關在學術象牙塔中作純學術研究而已，大學應與社會變遷同步、應與社區需要共同結合，協助社區進步發展。目前，臺灣高教深耕計畫已將大學社會責任（USR）列爲重要獎勵項目，這是符合社會期待的務實政策執行。

　　此外，人工智慧（artificial intelligence）的發展，雖然，起源在1950年代，迄今有七十年餘，但是，起起落落，眞正受到全世界各國普遍重視，則是近一、二十年的事。2011年德國漢諾威工業博覽會，引發全世界第四次工業革命，形成工業4.0的旋風，大家一起意識到AI人工智慧時代的來臨，5G時代、元宇宙時代的高科技發展，機器人力將逐漸取代傳統人力的時代已經到來。因此，如何培養高科技人才，以因應未來高科技時代社會發展需要，乃成爲當今教育政策決策者的重要挑戰。臺灣沒有豐富自然資源可開採，只有靠發展人力教育、培育人才，作人力資源的最有利開發。目前，在108課綱中，新增「科技領域」，即是一種重要的適切可行的政策頒行。國小將「科技領域」課程融入各科教學中，在國中及高中課綱，則

另闢「生活科技」與「資訊科技」各2小時教學，來加強中學生的科技素養。在大學階段，則推動程式設計教育，開設人工智慧課程，以期扎根高教數位及AI教學研究量能。另開設產業專班，期能擴增AI研究生名額，鼓勵師生投入AI研究，均是一種前瞻教育政策的規劃與執行，值得大力推動落實。

至於，配合聯合國教科文組織（UNESCO）於2015年提出永續發展目標（Sustainable Development Goals, SDGs）的教育政策，目前在世界各國決策部門，無不全力投入，臺灣也不例外。不只經濟、環保、工業部門，教育部門也大力提倡「環境永續發展教育」的政策計畫。聯合國永續發展目標，一共有十七項，分別依序為：1.無貧窮、2.零飢餓、3.良好的健康與福祉、4.優質教育、5.性別平等、6.清潔飲水和衛生設施、7.經濟適用的清潔能源、8.追求工作和經濟增長、9.產業、創新和基礎設施、10.減少不平等、11.可持續城市和社區、12.負責任消費和生產、13.氣候行動、14.水下生物、15.陸地生物、16.和平、正義與強大機構、17.促進目標實現的夥伴關係。確實均為重要永續發展要務，各國均先後列入國家級施政要項，期以達成2050年全球淨零排碳的終極目標。本書中「挪威淨零轉型發展」，對臺灣教育確有可供借鏡之處。

目前，臺灣教育發展走上國際化，培養孩子有國際移動的競爭能力和視野，這是大家所共同期待的要務。因此，加強學生英語外語能力的學習，提供境外學習的交流機會作為，確有必要。如何「轉型與深耕國際教育2.0理念與案例」分享，確值共同來關注。又臺灣目前因經濟發展好，社會福利優，早已邁入老年高齡化社會，「老年世代的終身學習與學校教育」，自然備受重視。此外，臺灣因少子女化，校園閒置空間不少，如何活化，再創學校辦學特色；或將公立學校賦予實驗教育法精神，公辦公營，希望活水源頭，再創教育佳績，也是臺灣中小學多元創新的一種新教育創新的走向。

當然，西諺：「有怎樣的校長，就有怎樣的學校」。校長身為

一校之長，重視課程教學領導與視導，將有助學校教師的教和學生的學，這是學校教育的核心關鍵所在，值得再次對教育本質作深入析論探討。至於作為當今教育行政或學校行政領導者，大家會相信若能力行「中道思想」的實踐，則一定可事半功倍，圓滿解決教育問題。基本上，「執兩用中，捨棄極端，則而避免爭議；若能為人處事，實踐中道；不偏不倚，就可去偏存誠，減少過猶不及的遺憾。」因此，教育行政決策者，若能力行中道，則將可有利德、智、體、群、美五育均衡發展全人教育的落實；中道思想的教育決策者，一定要強調本土且並重國際視野；兼攝人文與科技學習；重視城市與鄉村教育平衡發展；兼顧公立與私立學校資源合理分配；強調技職與普通教育同等關心；大、中、小學各級學校發展能有系統性的全面關照；家庭教育、學校教育、社會教育三者並顧。若能如此，則教育決策發展與執行，將可有助人才培育、人力素質提升，對國家未來競爭力會是一大利多。

　　最後，本書能順利出版，首先要感謝五南圖書出版公司董事長楊榮川名譽博士的大力支持，也謝謝楊士清總經理、黃文瓊副總編輯、李敏華編輯等團隊之協助編排付梓。我也非常感謝中國文化大學教育學系陳盈宏助理教授的協助邀稿與彙整，也謝謝各位提供大作鴻文的年輕學者專家們，每位博士都學有專精，均來自國內各高教學府及教育行政機構，願將多年教學研究與實務工作寶貴心得分享，以饗宴社會更多關心教育新知發展者的心靈期待，確為杏壇好事一件，值得肯定和期許。

臺灣教育大學系統總校長
臺灣師範大學名譽教授
淡江大學講座教授
前教育部長、國家顧問

吳清基 謹誌
2023年10月

目 次

第二篇　教育實務篇

第一篇
教育政策篇

第一章

中道思想在教育政策
上的蘊涵與實踐

吳清基

執兩用中，捨棄極端；不偏不倚，過猶不及；為人處事，實踐中道；去偽存誠，有助教育行政工作之圓滿解決。

教育政策若能力行中道，有利德、智、體、群、美五育均衡全人教育的落實；強調本土兼國際視野；兼攝人文與科技學習；重視城鄉教育平衡發展；不分公私立學校資源合理分配；技職教育與普通學術教育同等關心；各級學校發展能有系統性全面關照等，將有助人才培育，可提升國家未來競爭力。

壹　前言

中道思想，顧名思義，就是執兩用中之道。古來儒家及佛家皆重視中道思想在人生的意義和重要性。凡事求其恰到好處，不要太偏激，不要過當。太超過固然不好，太不及也不好。所謂「過猶不及，允執厥中」，中道惟是也。

或謂生活就像拉琴；琴弦太緊，則弦易斷；琴弦太鬆，則彈不成調。只有急緩得中，才能彈出美妙的音樂。人的生活就如同修行，過分急躁，或過分懈怠，都不是正常之道。因此，凡事適可而止，要不偏不倚、不疾不徐，行於中道，則心可寂定。誠然「知止而後有定，定而後能靜，靜而後能安，安而後能慮，慮而後能得」，古聖先賢在《大學》早有明訓，確值奉行不渝。

中道思想被認為是空有融和的智慧，可以直接契合融入人世間之實相。人若有了中道的般若智慧，就可以過著中道的生活，不會有苦惱或失落感，可以離苦得樂，確可為生活形式的指南，使人生有超然的解脫。

儒家《中庸》上「誠者，不勉而中，不思而得，從容中道，聖人也。」聖人及君子均為儒家一向所稱讚之學習偶像典範，其言行舉止，也標榜以中道為本意。孟子曰：「中道而立，能者從之」，也是在勉後人要力行「中道」之重要。中華民族傳承五千年優質文化道統，能夠歷久而不墜，其實，中道思想的力量，是一股重要的穩定因素，值得吾人繼續加以維護和進一步努力發揚光大。「古智今用」相信古聖先賢之智慧，用諸於今日社會百業中，自然有其可供啟示和參處之餘地。

貳　淺談佛家中道思想的意涵

一、佛家對中道思想之意涵，有深度剖析和詳細闡釋，如：星雲大師指出，中道是佛教的根本立場，中道就是離二邊之極端、邪執，取一種不偏於任何一方的中正之道。

他認為佛家「緣起」的理法，是打破生、滅、斷、常、一、異、去、來等八種邪見，以闡明空的真理。離八邪而住於無得正觀，稱為「中道」，也就是「八不中道」。

「八不中道」的「八不」是指否定生滅等八邪的教理，也就是不生、不滅、不斷、不常、不一、不異、不去、不來。由此得破一切邪執，而顯現於諸法實相。如果有生有滅，則偏於一邊，離此二邊，而能不生不滅，就是中道之理。

二、佛陀成道之初，為五比丘講說四聖諦，其中道諦所說的八正道，就是教弟子們離於偏執，履中正，而求解脫之道，故稱中道。若能行於中道，則心可寂定。

佛陀「離於二邊，而說中道。」也就是說在修行上，要不偏於苦行或縱樂的生活；在思想上，要不偏於有或無，常住或斷滅兩種極端的見解。所以，中道在實踐上與理論上的兩種不同意義，在實踐意義上的中道，以實踐八正道為主，在理論上的中道，可以說就是「緣起」。

星雲大師認為，佛陀開示「緣起性空」，就是要我們明白「有」因「空」立，所以能真正明白緣起者，於諸法則不執著實有，亦不執著全無。所謂「色即是空，空即是色」如此體悟非空、非有，就是「中道」。例如：修行，不能過於急躁或懈怠，要合於中道，才可修得阿羅漢果。做任何事情，過猶不及，凡事都要適可而止，要不偏不倚，就是中道。有如生活中，有人過於追求物欲，有人則過分刻苦自勵，都不是正常生活之道。

三、人間佛教指出，佛家「世間法」認為一切都是相對的，善和惡、是和非、好和壞、事和理，甚至於對與錯、難與易、高與低、大與小、男與女等；但是佛法不講對立，而講究中道。中道是超越有無、增減、善惡、愛憎等二邊的極端。佛法中道，並非折中之道或中庸之

道，而是以般若智慧來調和事理，融和有無，以便趨向解脫之道，其奧義確與儒家所言中道有別。

換句話說，佛教中道的思想，是空有融和的智慧。中道的生活，是離苦樂二邊，以八正道為行事指南的生活。從淨土思想來看，佛教是一種幸福的宗教，也就是信仰佛教可以獲得幸福快樂。佛教講苦行，是因為「苦是人道的增上緣」，是一種方法過程，而不是最終的目的。

其實，《金剛經》講「應無所住而生其心」的道理，並不是要我們放棄所有，而是強調佛法的中道生活。因此，離於苦樂二邊的生活，就是中道生活。有了中道生活，不僅不會被稱、譏、毀、譽、利、衰、苦、樂八風所動，且能在佛法中去找到安身立命之處。所以，離於苦樂二邊而行中道，就是智慧，就是佛法。

因此，星雲法師「人間佛教」主張要把世間所有一切都調和起來，過著中道的生活。思想不要偏激，不要走極端，不要用二分法，用智慧圓融才能中道。有中道，世間才會太平；行中道，人間才沒有紛爭；有中道，人生才有樂趣；行中道，人類才有美好的生活未來。

參 析論儒家中道思想的意涵

一、中國儒家對中道思想非常推薦，在《中庸》、《大學》均有深度探析，其實中國古代聖王傳授「治國平天下」的心法，就是「人心惟危，道心惟微，惟精惟一，允執厥中」的十六字訣。此乃中國儒家先哲對中道思想之奧義精解。朱熹釋義：「中者，無過不及之謂也」，用在政治上就是「執其兩端，用其中於民是也。」這是儒家中道思想早期用於政治之釋義，令人折服。今日觀之，實亦見可行之道。

二、《中庸》上：「誠者，不勉而中，不思而得，從容中道，聖人也。」此乃在讚譽孔子行「中道」也。其實孔子一生力行「忠恕之道」，乃「中道」之謂也。孔子曰：「不得中行而與之，必也狂狷乎」，乃「中行」，即指言行得其中者，行「中道」人也。可見孔子一生對中道之言行舉止，是非常積極推崇和肯定鼓勵後人共同勉之。

　　孟子曰：「中道而立，能者從之。」朱熹注釋：「中者，無過不及之謂；中道而立，言非難非易之謂，能者從之，言學者自當勉之」，乃在解釋行「中道」之重要。可見孔孟先聖先哲對中道之思想，一直非常重視，且期勉世人能努力去實踐之，以求社會能更祥和安定。

　　《中庸》：「喜怒哀樂之未發，謂之中；發而皆中節，謂之和。中也者，天下之大本也；和也者，天下之達道也。致中和，天地位焉，萬物育焉。」其實，中和乃中庸之精義，為中道之體現。

　　《中庸》上：「君子之道，行遠必自邇，登高必自卑，夫婦之愚不肖，可以與知能行。乃其至，雖聖人亦有不知不能。」可見愚不肖與大聖賢，均在此中庸之道（中道）的兩端，可貫穿相通，並非相反對立。聖協時中，通權達變，「中道」確為求其初衷之理想實現的終南捷徑。

　　三、「中道」的第一個定義，一曰：「中庸之道」。

　　程子曰：「不偏之謂中，不易之謂庸。中者，天下之正道，庸者，天下之定理。」

　　《易經》云：「道，仁者得之以為仁，智者得之以為智。」蓋必須「仁、智」雙修，使能允執厥中。故朱子以《中庸章句》論中華之道統，柳貽徵以「中道」為中國命名之由來，故「中庸之道」即「中道」。

　　《中庸》第二十章「誠者，天之道也；誠之者，人之道也。誠者不勉而中，不思而得，從容中道，聖人也。誠之者，擇善而固執之者也。」可見孔子要求為學為政者，要「仁智雙修」，才能「從容中道」、才能「治國平天下」。

　　四、「中道」的第二個定義，二曰「忠恕之道」。

　　曾子曰：「夫子之道，忠恕而已矣。」按「盡己之謂忠，推己及人之謂恕」，「忠恕之道」即「中道」也。

　　「大學之道，在明明德，在親民，在止於至善。」是《大學》的三大綱領。「格物、致知、誠意、正心、修身、齊家、治國、平天下。」就是《大學》的八條目。

　　《大學》一書乃孔子口述，門人曾子所記錄，朱熹開宗明義說：「大學之書，古之大學所以教人之法也。」

　　《大學》：「物有本末，事有終始，知所先後，則近道矣。」朱子注：「明德爲本，新民爲末。知止爲始，能得爲終。本始所先，末終所後。」強調做人處事要先研究其本末始終，而後才能決定其做事的先後程序。只要做事的程序不亂，就能得到做事立業的方法，就能接近明德新民的大學之道。中道其實即爲做事成功之道，具有科學的邏輯性，爲成功處事之要訣。

　　五、「中道」的第三個定義，三曰：絜矩之道。

　　《大學》傳十章，釋治國平天下：「所謂平天下在治其國者：上老老而民興孝，上長長而民興弟，上恤孤而民不倍，是以君子有絜矩之道也。所惡於上，毋以使下；所惡於下，毋以事上；所惡於前，毋以先後；所惡於後，毋以從前；所惡於右，毋以交於左；所惡於左，毋以交於右，此之謂絜矩之道。」絜矩者，量度事理，推此及彼也。凡事在其規則方寸遵循，則行事可依中道而行，即可成事矣。

　　六、先總統蔣公在其「科學的學庸」中，曾闡明「中庸」的「中」字，就是原義於「允執其中」的「中」字。程子曰：「不偏之謂中」，朱子注曰：「中者不偏不倚，無過不及之名。」此乃是「大中至正，中正不倚，屹立不搖」之謂。

　　又說：「中庸」的「庸」字，就是不易之謂。朱子注曰：「庸，平常也。」就是至平至正，日常所見，日常所行，而無可變易的意思。此不變不易之定理就合乎「道」，是以「中庸」即「中道」。的確，「允執其中」，不偏不倚，無過不及，誠乃吾人爲人處事之最高指導原則。

肆　中道思想在教育政策上的實踐

　　中道思想在佛家及儒家學說中，皆應可稱爲核心價值之一，其在現代教育政策的發展上，亦有其「古智今用」之特殊價值，值得吾人加以推廣實踐之。

一、在教育目標規劃上，重視德、智、體、群、美五育均衡發展之全人教育實施

　　佛家講述福慧雙修，儒家兼重品德與知識教育。中道思想不認同偏才教育，重視通識教育、跨領域之學習，和今日工業4.0時代、5G高科技時代所追求 π 型人才之培育，是相互呼應的，認為太過極端偏才未必是好，反而執兩用中，加強通識教育，培育跨領域人才的斜槓人生才是急切需求的。

　　不僅知識教育重要，品德教育更為重要。所謂「態度決定高度，品格決定未來。」對於體育、群育、美育人才之培育，及通才博雅全人格、全方位的教育推展，均應和中道思想相契合。

二、在教育政策考量上，因應國際教育思潮趨勢，兼顧本土教育與國際教育的配合推展

　　教育發展，在政策考量上，要能因應社會變遷需要，尤其，國際教育思潮的發展趨勢，更應加以借重。所謂「在地國際化、國際在地化」確有其需要。研究比較教育學者，均瞭解教育政策或制度是不宜全盤移植的，必須要參考各國在地政治、經濟、社會、文化之背景的不同，而作有選擇性的考量或修正。

　　全盤國際化，可能會水土不服，造成格格不入；全盤本土化，也會與世界脫節，跟不上時代潮流，而自陷落伍。因此，中道思想提示，脫離二極端，宜走中道之路，若能「在地國際化」且「國際在地化」，則國家教育政策之研訂，才能與時俱進，走在時代之前端，有利國際人才之競爭力提升。

三、在教育課程設計上，兼攝傳統優質文化與現代前瞻理念。

　　教育的目標在提供學生「認知」、「技能」和「情意」的成長。教育本身是一種成己、成人的志業，教育是國家百年大計，教育更是人類的希望工程。但是教育要達到作育英才之神聖使命，必須透過「課程」的有效設計和實施才能達陣。

　　面對社會急速轉型變遷，今天我們將面對「未來化」、「科技化」和「國際化」的三大挑戰，因此，「課程」的設計與實施，乃必須圍繞在此「三化」的前提下來設計。傳統的中華文化優質道統不能少，因為「二十一世紀是中華民族的世紀」，五千年優良文化傳承，要繼續加以發揚光大。同時因應世界「高科技化」及「國際化」之發展，加強新興科技知能及國際移動能力之教育，也是必然的要務。

四、在教學教材內涵上，要重視科技知能和人文藝術的調和

　　處在今日5G高科技時代，因為AI人工智慧技術的日新月異、突飛猛進，傳統的教學材料，雖然仍被廣泛地在實體校園應用，但是，面對虛擬實境元宇宙時代的挑戰，教師在教材教學實施上，勢必要與時俱進，必須適時引進借用高科技教學材料，才能滿足學生學習的需要。

　　大數據、物聯網、網際網路、3D列印、5G教材等高科技教學實施，確為必要。但是，由於工業4.0發展以來，企業對人才之需求期待，是要具備跨領域、雙學位、雙證照的人才。因此，通識教育在今日已成為一門顯學。學科技的人，也需要人文藝術來充實。STEM所強調「科學、技術、工程和數學」課程固然重要，STEAM「科學、技術、工程、藝術和數學」的再提出，更顯示科技知能和人文藝術的並重，不可忽視之。

五、在教學方法技術上，要兼重AI技術與人文啟發思維

　　面對未來高科技化發展時代，教育的發展，從教育1.0的傳統私塾化教師講、學生聽的時代；進入教育2.0廣設公立學校，但仍是教師講、學生聽時代；再進入教育3.0的e化時代，開始自動化電腦輔助教學時代；2011年後進入教育4.0數位化科技教學時代，以學生為學習中心，高科技數位化、客製化、創新化教學時代，採用AI人工智慧技術教學成為必然的發展趨勢。

　　但是，科學家也提醒，「若AI機器人五秒鐘不能做決定，它就不能取代傳統教師的教學角色。」換句話，機器人教師沒有傳統教師之人文化、人性化及同溫層師生互動效果。機器人只依原先設計程式操

作，無法做人文性、創思性、啟發性之師生互動。因此，機器人取代傳統教師之教育功能，可能目前尚未有可能；但是，教師教學教法技術，若借重AI機器人之人工智慧技術，可提升教學效果，則確有其必要性與急切性。

六、在教育輔導策略上，採有教無類、因材施教之零拒絕原則

「有教無類，因材施教」這是二千五百七十年前孔子所提出之教育最高原則，古今中外迄今仍無人可超越其先。「有教無類」是教育機會均等的民主化教育最高實現，不分種族、階級、性別、宗教、男女、貧富、能力……，一律保障其受教育機會均等，可說「永不放棄任何小孩接受公平的教育機會」，這是非常前瞻、進步、民主的教育理念。

至於「因材施教」則是特殊教育的最高原則，提供每個孩子「適性揚才」的教育機會。聰明資優的孩子，給予加深加廣的跳級才藝輔導；一般智能弱勢的孩子，則提供補救加強輔導的機會，讓每個孩子都能將其「潛能充分開展」，這是教育民主化的最高顯現，中道思想提出不一、不異，均是在對孩子提供同中有異、異中有同的適性揚才學習機會。

七、在教育區域發展上，重視城鄉教育質量的平衡

教育機會均等，是民主化教育的重要指標。教育機會不只是在強調個人本身接受教育之機會提供，另在地區城鄉教育落差上的縮短，也是值得重視的。

一般來說都會區的孩子，受教育機會是有利的，因為父母社經背景平均較高、較整齊，對孩子教育的關注也較為重視，且都會區教育文化刺激較為有利孩子學習。師資素質平均也相對高些，對都會區孩子的學習相對有利些。

但是政府在施政上，仍必須考慮偏鄉地區學校設施的充實。經費補助不可少，教師激勵要加強、城鄉師生交流要常辦，提供偏鄉孩子有利的升學加分機會或管道。雖然城鄉落差一直存在，政府也一直有在努力改善，但是成果仍然有待加強。擇其一而捨另一端，即違反中道精神之本意。

八、在教育經費分配上，要兼顧公私立學校，普通和技職學校之均衡發展需求

「窮不能窮教育，苦不能苦孩子」，教育發展需要有足夠的教育經費來支援。過去，政府部門受到傳統主計單位刻板印象之限制，認為投資經費在企業上，可以短期回收利益；但是投資在教育上，則看不到回收利益成果。不將教育視為政府最有利投資，而認為教育是一種消費，捨不得給錢辦教育。雖然，近年受到《教育經費編列與管理法》之保障，教育經費有大幅提升，但是教育部門本身卻又受限主政者之視野，對「公立學校」和「私立學校」之學生單位成本計算與補助，未能跳出原先框架。其實，學校雖然有公私之分，但是國家人才並沒有公私之別。對私校經費投入，確有不足之憾。

其次，對於普通教育和技職教育經費分配，歷來也有不公平現象。重視學術普通校院，輕視技職教育校院，這是有待改進之處。臺灣過去有「經濟奇蹟」其實為技職人才之貢獻，是大家有目共睹的。對技職校院經費之加強補助，是政府該努力的課題之一。

九、在教育行政執行上，應採民主式領導，捨獨裁與放任式領導

中道思想在教育行政執行上，強調執兩用中、權變領導為上策。傳統威權式之獨裁行政領導，和放任式的行政領導，固皆有其可適用之特殊情境，但是應皆是兩頭極端式的行政領導較不合宜，較為適宜的行政領導，應是中間民主授權參與式的行政領導，不偏執兩端，而用其中，此乃中道精神之所現。

尤其，在今日民主政治時代，鼓勵教育團隊同仁參與協作行政，可激勵士氣，提高同仁參與的工作動機，對行政領導品質的提升，是確實有正向的效果。

中道思想在追求問題可以圓滿得到解決，目標可以有效實現，民主領導方式固然被大家所接受，但是，有時不一、不異，可以通權達變，只要能達陣，事實上，民主權變領導方式，亦是一種好的理想中道領導方式。

十、在教育考核管控上，應對各級教育發展作好系統思考管理

　　教育的推動，應重系統性思考，作全面的綜觀性管控。在各級學校之管理上，幼兒園、國小、國中、高中、高職、專科、大學校院、研究所碩士班、博士班，各級教育皆有教育目標要去達成，對人才培育各有其任務賦予，均要給予關注，均衡重視。

　　此外，除學校教育外，家庭教育及社會教育之領域，亦均應予以兼顧，不可偏失。當然，學前教育、正式學校教育外，終身學習教育更是今日之重要教育課題。均不可擇其一推展，而忽視其二之重要性。

　　中道思想提供教育政策決定者，有全方位格局，綜觀教育視野，對教育實施不會有疏漏之環節，應值肯定。當然，教育的改革與發展，有其因時因地之優先順序考量，必須全面關照，不可偏廢，確也是中道之精神所繫。

伍　結語

　　佛家和儒家對中道思想的蘊涵釋義，雖未必完全相同，但是異中有同，皆是在勉人「執兩用中」離二邊之極端，取一種不偏於任何一方的中正之道，以增利人生。儒家中庸「尊德性而道問學，致廣大而盡精微，極高明而道中庸」，更是強調為人處事要德行品格教育為先，要勤學好問敦品勵學為重。唯有好品德、好學問，才會有好生活幸福感。的確儒家教人實踐中道，去偽存誠，可以增進人類生命的價值。佛家也鼓勵人修行要合於中道，則做任何事情，不會有過或不及之憾，凡事不偏不倚，合乎中道就可內心寂定，擁有美好幸福人生。

　　中道思想，應用在教育上實踐，可以培養德、智、體、群、美五育均衡發展的全方位人才。全人教育培育的人才，有智慧學識又有品德，是最理想的公民教育；因應未來化社會變遷，有跨領域知能，有創意創新思維；有本土觀，又有國際觀；對傳統和現代兼顧，對科技與人文兼重；不僅有教無類，也能因材施教；對城鄉教育發展，能均衡兼顧；學校不分公私立，資源能平均分配；技職校院與普通學術校院同等關心；各級學校之發展，均有系統性的全面關照……如此不偏執二端

的中道思想，若能澈底落實，則教育發展之前景，必然有利人才之培育，國家之未來競爭力，必然可以大大提升。

參考文獻

汪少倫（1979）。**人類幸福之路──多元中道主義**。臺北：臺灣新生。

星雲大師（2018）。中道，取於星雲大師文集，**佛教叢書1**。高雄：佛光山。

謝宏基（2020）。**中道是什麼意思**。佛經館。

惟覺老和尚（2005）。**中道思想之介說**。臺北：師大。

曾為惠（1990）。**老子中庸思想**。臺北：文史哲。

陳滿銘（1980）。**中庸思想研究**。臺北：文津。

婁良樂（1980）。**儒家的中庸和佛家的中道**。臺北：大乘文化。

葛建業（2006）。**中道**。新北：冠勝。

問題與討論

一、儒家中道思想意涵為何？是否會是太保守思維？

二、佛家中道思想意涵為何？是否會有太消極出世的想法？

三、中道思想應用在教育政策上，有何向度可考量，以增其有可利用之價
　　值性？

四、中道思想在教育行政決策上之應用，是否可提升其決策的品質和效
　　益？

第二章

師資培育政策分析與法制精進策略

盧延根

Prefer to pursue the emptiness, also cannot have no pursuit.

寧可去追求虛無，也不能什麼追求也沒有。

——尼采

　　給孩子一個願景，鼓勵孩子帶著希望上路。

　　在人生旅途充滿無限可能卻也讓人迷惘的情境下，教師除了教導孩子課本知識、倫理道德與爲人處世外，更宜引領追求夢想與未來努力的方向，讓孩子帶著希望勇敢向前奔馳，快樂地迎接每一天，並擁有一切。因此，提供孩子強大牽引與激勵的教師，不僅是經師，更是人師志業的意義與價值！

🔴 壹　前言

　　教育是人類的希望工程，經由教育培育人才，可促進國家社會的進步發展（吳清基，2023），教育效能關鍵在於優質師資的培育。自古以來，教師承載傳道、授業及解惑之重任，其素質良窳攸關學生學習、影響教育成敗、國家發展與存亡至鉅，故有「良師興國」之說，因此師資培育爲社會關注的焦點議題。

　　本文所指「師資」係依《師資培育法》第1條規定，爲高級中等以下學校及幼兒園國民基礎教育之師資。基於社會的發展過程，人力培育必須配合不同階段而逐漸調整（盧延根，2021），在面對全球化趨勢，不論是政治、社會運動及教育方案等都會影響我們日常生活（Artiles & Bal, 2008），故社會變遷與科技進步也會影響教育發展方向與模式，教育政策允宜與時俱進檢討與調整，才能符應世代發展需求。隨著工業4.0（industry 4.0）世代帶動教育科技化、智慧化與個性化的發展，教育也進入4.0世代，影響師資培育的發展（吳清山，2020）。面對「工業4.0」的浪潮席捲，各國政府莫不殫精竭慮思索經濟發展與人才培育的因應之道（中國教育學會，2018）。由於師資培育發展與教育品質，影響國家競爭力與未來的發展，因此師資培育政策及精進策略值得探究。

貳　師資培育政策演進概況

　　師資培育政策由過去一元化、計畫性、公費制及分發制，修正爲現行多元化、儲備性、自費制及甄選制，師資培育政策產生重大改變與突破（盧延根，2017），影響國家教育至爲深遠。我國師資培育政策演進之概況（吳清山，2010；吳清基、黃嘉莉、張明文，2011；林政逸，2019；林慧雯，2020；楊銀興、林政逸、劉健慧，2007）如圖2-1所示。

圖2-1
我國師資培育政策演進

師範教育法 師範教育伊始 （1979-1994年）	師範培育法 模式轉變 （1994-2003年）	師範培育法 質量調控 （2003-2018年）	師範培育法 程序調整 （2018年～）
·師範校院一元公費培育 ·教育部訂定培育學系（科）、教育專業及專門科目 ·以實習教師身分占實缺領全薪實習一年 ·教師證書經登記審定後核發	·師資培育之大學多元儲備培育 ·教育部核定教育學程（教育專業及專門科目） ·以實習教師身分實習一年，領有實習津貼 ·採初複檢制，實習及格後取得教師證書 ·代理代課得折抵教育實習	·教育部核定師資職前教育課程 ·教育實習半年並納入師資職前教育課程 ·教育實習爲實習學生身分，無實習津貼，不可代理代課 ·先實習後檢定考試，考試通過取得教師證書	·教育部訂定老師專業素養指引暨師資職前教育課程基準 ·師資職前教育課程由學校專業自主規劃 ·先資格考試再實習，2022年起發放實習津貼，可短期代課 ·得以偏鄉代理、海外任教二年抵免教育實習

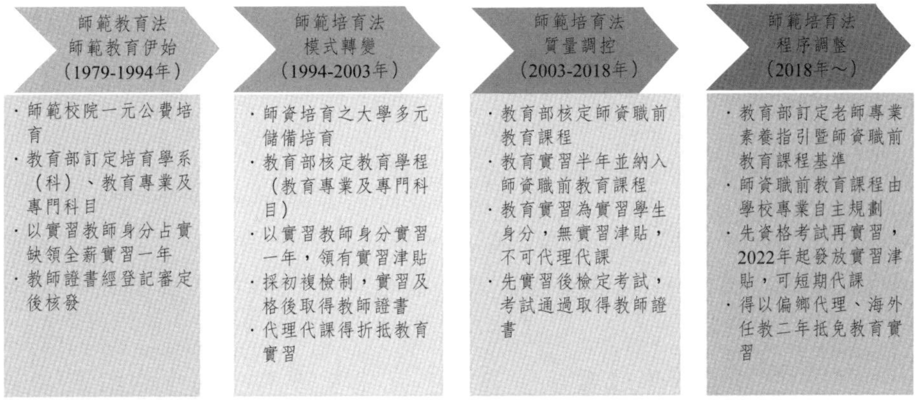

資料來源：修正自林慧雯（2020）。師資培育制度大變革。**師友雙月刊，622**，13。

一、1979-1994年《師範教育法》階段

　　我國師範教育實施之法令依據，最早可追溯於光緒29年（1903年）頒布的《奏定初級師範學堂章程》與《奏定優級師範學堂章程》，內容詳實完備，但民國成立後廢止，政府另於1932年頒布《師範學校法》（吳清山，2010），確立師範學制以政府辦理爲原則。

　　1949年政府遷臺，師培政策仍採單一與公費制度，並沿用《師範學校法》。1968年實施九年國民教育需要大量教師，政府應急補足教師缺額，卻衍生教師素質問題，尤其偏遠地區及特殊科目等教師的教學

品質，教育部權宜以行政命令指定國立臺灣大學、國立成功大學及國立中興大學等校開設教育課程，解決不合格及缺額教師，並兼顧學生學習權益及社會正義。爲符應社會發展需求，1979年制定《師範教育法》確立師範教育一元化的法律基礎，政府設立師範大學、師範學院及師範專科學校等養成師資。另依《師範教育法施行細則》第15條規定，教育專業科目由前述學校辦理。中小學師資由12所公立師範校院與政治大學教育系採計畫式培育，形成「師範教育體系」（黃嘉莉，2018），師範校院學生皆爲公費生，畢業後分發至中小學實習與服務（賴清標，2003），一元化公費制之師培政策具有充分掌握教師需求、避免人力浪費及掌控師範生素質等優點，但師資培育集中於師範校院，外界質疑師資培育壟斷市場，無法適時回應社會變遷的流弊（吳清山，2010），此時實習教師占學校之實缺，也領全薪實習一年，教師證書經登記審定後核發。

二、1994-2003年《師資培育法》：模式轉變

面對時代大環境與社會變遷需求，意味政府必須研議革新治理客體與技術之政策，進行制度調整或藉由研修法律作爲行政機關執行之依據。

我國1987年解除戒嚴後，社會多元化及經濟自由化之浪潮，影響系列性的教育改革（盧延根，2003、2020），衝擊師資培育的思維，也成爲師資培育轉型的機會。教育部成立「師範教育法專案研究小組」，研議著手修正《師範教育法》，配合師資培育方向，立法院（1994）三讀通過修正爲《師資培育法》，教育部於1995年依該法第4條第4項授權訂定《大學校院教育學程師資及設立標準》啟動多元化師資培育，各大學校院得據以申設教育學程，師資培育從計畫公費調整爲多元自費的模式。師資生修畢規定之教育學分，學校發給學分證明書，通過初檢及複檢後取得教師資格，形成開放多元化的師培政策，破除師範生獨占教師市場，展現自由競爭的特色，讓師資培育政策從計畫性邁入競爭性的儲備制（吳清基、黃嘉莉、張明文，2011）。再者，1999年「邁向教育新世紀」全國教育改革檢討會議，其中討論題

綱——健全師資培育與教師進修制度，提出建立多元培育管道、改善師資培育機構體質等教師專業化歷程，劃分各階段設計管控品質的措施。2001年，「教育改革之檢討與改進會議」對於師資培育品質，建議嚴格審查師資培育機構、建立有效淘汰評鑑機制、促進師範校院轉型發展、研訂合理而優質的課程與比較不同管道培育師資的優劣（吳清基、黃嘉莉、張明文，2011）。2002年教育部頒布「教育改革行動方案」第3項，亦以健全師資培育與教師進修制度爲主，包括多元師資培育制度充實師資來源等。故《師資培育法》施行後，政府透過適當管控機制，強化師資培育品質，並以多元培育爲重點。然而，關注師資培育多元發展與品質管控，卻面臨少子化的衝擊，衍生師資培育數量失衡。

三、2003-2018年《師資培育法》：質量調控

《師資培育法》修正後，各大學要培育師資必須成立師資培育中心，教育實習由原一年改爲半年，且不發給實習津貼。此外，每年舉行一次教師資格檢定考試，並廢除初檢及複檢制度。

當師資培育多元化後，師資生與準教師數量驟增，卻面臨少子化與生源賡續降低（過去小一新生每年約32萬人，2002年降至22萬餘人）（黃以敬，2004）衝擊：而師資培育量體最高峰爲93學年度2萬1,805名，101學年度降爲8,521名（教育部，2012），師資培育供需嚴重失衡，衍生儲備教師超量問題。除師資培育供需失衡外，培育成效也非理想。盱衡生源驟降，造成師資生取得教師證書成爲儲備教師，卻無法找到教職者眾多（至少3萬人），每年賡續培訓準教師約2萬人，教師「供過於求」愈來愈嚴重（黃以敬，2004），當師資生謀職（成爲專任教師）機會渺茫，降低修習教師專業課目之意願，影響師資品質至鉅，教育部2004年度推動「我國師資培育數量規劃方案」，減少師培數量，緩和師資培育供過於求之問題；2012年進行「師資培育數量第二階段規劃方案」，透過督導師培大學及師資培育評鑑，提升培育品質（教育部，2014）。2005年起國立臺北、新竹、臺中、屏東、花蓮與臺北市立等6所師範學院改制爲教育大學，師資培育三年內完成減半目

標，占總招生人數的三成至四成五；而一般大學的教育學程三年內減招50%，學士後教育學分班招生名額亦大幅減少。

因應師資培育供需失衡及師資培育品質下降的問題，教育部2010年召開第八次全國教育會議（教育部，2023），其中重點就是規劃師資培育發展藍圖，並研訂「師資培育白皮書」，以期培育優質師資與精進教師專業發展。

四、2018年迄今《師資培育法》：程序調整

2017年修正《師資培育法》，主要是呼應師資培育白皮書「方案22：完備法令規章」，有關《師資培育法》及專業標準本位之師資培育政策（教育部，2012）的檢討，並據以修正師資生先檢定考試、後實習的「程序調整」，另於2022年起發教育實習津貼。

此次《師資培育法》修正，係就師資生修畢教育學程後，由起初先教育實習再教師資格檢定考試，改為先檢定後實習。經查，2005年來，師資生每年約四成未能通過教師資格檢定考試，修正為先檢定考試後實習，實習學生數大幅減少，相對減輕教育實習機構及師資培育之大學在教育實習輔導的負擔，實習資源較能有效利用（教育部，2016a），此項政策也是師資培育白皮書「先檢定後實習」的落實。其次，《師資培育法》修正授權中央主管機關訂定子法，引領師資培育及教師專業發展（教育部，2016a）。教育部（2016b）也發布「中華民國教師專業標準指引」，引導師資培育精進各階段教師的表現與彰顯教師專業性，落實理想教師圖像。再者，立法院（2021）教育及文化委員會委員提案，請教育部規劃恢復教育實習津貼，該部業於2022年1月起實施（陳至中，2021），但相關法規亟需配合修正。為了鼓勵青年投入師培教育，提供師資生實習期間適當津貼，以維持基本生活費用，應可減輕其生活負擔與專心課程教學及教育行政實習，有利於教育體系注入活水。

參　師資培育政策之問題分析

教育成敗的關鍵繫於教師，師資良窳攸關國家發展與競爭力。本文依前述師資培育演進概況，並就社會環境與政策法規變遷，依蒐整之資料（盧延根，2022、2023）檢視師資培育政策問題：

一、少子化趨勢與生源減少，衍生新進教師逐年遞減

由於少子化現象賡續嚴峻，生源驟減，學校依編制規定[1]降低教師需求。再者，2018年「軍公教人員年金改革」，現職教師擔心體能退化與生活指數持續攀升，在經濟疑慮下延後退休，教師出缺更為有限，師資培育與儲備教師供需嚴重失衡。

近六十年來，我國出生人口概況：1961年42萬254人，1981年41萬2,779人，2001年遽降為26萬354人，2021年僅15萬3,820人（內政部，2022），顯現出生率遞減。在少子化與經濟疑慮下，現職教師延退（彭杏珠，2018），教師需求降低，師資培育之大學缺乏誘因，招生困難。因此，師資培育除了公費生外，師資生入學成績及學力素質恐有降低情形（黃政傑，2020）。當優質學生加入教育新血的誘因降低，教育現場人力更顯老化，影響整體教育工作熱忱與執行效益。當師資培育之大學面臨招生壓力，且師資生投入更多時間、心力與經費修習教育學程，對未來卻存在不確定之就業焦慮，除衝擊選擇教師為志業外，優秀學生報考意願更是降低，惡性循環下影響師資素質，也衝擊培育國家基礎人才之隱憂。

---

[1]　《國民小學與國民中學班級編制及教職員員額編制準則》第2條規定：「國民小學及國民中學普通班班級編制規定如下：一、國民小學每班學生人數以二十九人為原則。二、國民中學每班學生人數以三十人為原則。……」；第3條規定：「國民小學教職員員額編制如下：……四、教師：每班至少置教師一‧六五人；全校未達九班者，另增置教師一人。……」；第4條規定：「國民中學教職員員額編制如下：……四、教師：每班至少置教師二‧二人，每九班得增置教師一人；全校未達九班者，得另增置教師一人。……」

二、限縮師培公費生之員額，影響偏遠地區師資素質

《師範教育法》時期的學生有公費制度保障，吸引諸多清寒優質學子入學，培育成爲較高素質的教師，但《師資培育法》施行後，《師資培育公費助學金及分發服務辦法》第2條規定，公費制度僅作爲補助偏遠地區之師資類科不足等師資來源，傳統師範校院轉型爲綜合型大學，不再具有公費誘因而失去招生優勢。

尤其，偏遠地區學校面臨師資的流動率高、編制不足及素質低落情形（楊涵，2020），亟需解決。然而都市化使城鄉差距擴大，偏遠地區外移人口增加，導致偏遠地區學生數減少。而學生人數又牽涉學校規模（盧延根，2020年9月），也衍生學校經營問題。另外偏遠地區學校教師配置人數較少、授課科目多，教師又須兼辦行政工作，教學工作負擔沉重，也是造成教師流動率高的原因之一（王麗茹，2019）。當教師異動頻繁，不僅教學經驗難以傳承，學生也必須不斷適應新任教師，影響學習的連貫性。再者，偏遠地區進用未具教師證的比例偏高，也影響學生學習品質（盧延根，2021年4月）。因此，目前偏遠地區師資明顯不足，且現行公費生名額幾乎縮減到沒有的境地，與現行規定[2]「師資培育以自費爲主，但兼採公費及助學金方式實施」之立法意旨不盡契合。

三、師資培育之大學水準不一，師資生素質良莠不齊

1994年《師範教育法》修正爲《師資培育法》，師資培育多元化後，一般公私立大學校院或技職校院，只要設立教育學程者都得參與師資培育。由於各學校學術地位或教學模式不盡相同，除了學生入學成績落差頗大，遴選師資生的素質也有所差異，且在少子化下師資生優勢不再，存在平均水準不一的情形，因此師資生素質走低也影響國民教育發展。

---

2 《師資培育法》第14條第1項：「師資培育以自費爲主，兼採公費及助學金方式實施；公費生畢業後，應至偏遠或特殊地區學校服務。」

　　依據教育部（2021）核定，110學年度各師資培育之大學共有50所，自111學年度起臺灣首府大學停辦師資培育後，目前師資培育之大學共49所（國立大學33所及私立大學16所）[3]。由於師資培育之大學在多元儲備制度分別培育師資，然而師資培育之大學辦學品質水準不一，雖然符合行政院教育改革審議委員會提出，師資培育中心設立採「先寬後嚴」策略，形式條件符合《大學校院教育學程師資及設立標準》規定，並經教育部師資培育審議委員會之審議，即可培育各類科師資。惟師資培育乃教育之基礎，教師素質良窳，攸關國家未來的發展與競爭力。優秀的師資可以確保學生的學習能力、素質提升、具備優質之核心能力（教育部，2021年8月）。因此，師資培育之大學允宜訂定嚴謹施行汰劣留優機制，以維持師資培育品質。

四、教師資格考試通過率偏高，教師篩選標準有待檢討

　　教師資格考試性質，僅係評量師資生學習成果之門檻，應考人只要成績達到標準即為通過。但因通過率偏高，似無篩選機制與標準，為人詬病流於形式，無法做好教師品質把關工作（吳清山，2010）。目前教師需求量體降低，教師資格考試檢核標準允宜檢討並研議寬嚴尺度，以維繫教師素質及建立明確之法制定位。

　　師資培育初複檢制度，審查多以相關證件或將教育實習與檢定分開，教育實習仍屬師資生成為教師必修課程，師資生修畢職前課程之「實質考試層面」，僅以紙筆測驗，符合即通過的形式化流程[4]；就以2021年高級中等以下學校及幼兒園教師資格考試為例，計有6,152人通過，全國通過率為67.37%（通過率係以符合考試資格到考人數9,131人

---

[3]　經於2023年7月31日與教育部師資培育及藝術教育司洽悉。

[4]　《高級中等以下學校及幼兒園教師資格考試辦法》第9條第1項及第2項：「本考試各類科各應試科目以一百分為滿分；其符合下列各款規定者為通過：一、應試科目總成績平均滿六十分。二、應試科目不得有二科成績均未滿五十分。三、應試科目不得有一科成績為零分。缺考之科目，以零分計算。」

表2-1

2020-2023年教師資格考試人數與通過率

年度	到考人數	通過人數		全國通過率	未通過人數
2020	9,953	4,907		50.10%	5,046
		特殊教育師資類科501人、中等學校師資類科2,559人、國民小學師資類科1,389人、幼兒園師資類科458人			
2021	9,131	6,152		67.37%	2,979
		特殊教育師資類科535人、中等學校師資類科2,601人、國民小學師資類科1,773人、幼兒園師資類科1,243人			
2022	8,873	5,504		62.03%	3,369
		特殊教育師資類科535人、中等學校師資類科2,567人、國民小學師資類科1,670人、幼兒園師資類科732人			
2023	9,072	4,685		51.64%	4,387
		特殊教育師資類科487人、中等學校師資類科1,756人、國民小學師資類科1,615人、幼兒園師資類科827人			

資料來源：整理自教育部（2020、2021、2022、2023）。即時新聞。

計算，以下同），高於2020年的全國通過率50.10%（教育部，2020、2021）。而2022、2023年之教師資格考試，分別有5,504、4,685人通過（教育部，2022、2023），通過率與2021年相較略有降低，但仍高達62.03%、51.64%。四年來教師資格考試通過率均逾50%，未通過的考生人數分別為5,046、2,979、3,369及4,387人，詳如表2-1所示。

五、紙筆測驗之教師資格考試，無法反映教學實作能力

教師以教學為主，而教學工作應具備一定的專業知識，並能將知識的理論、教學原理或學科連結之知識等傳達給學習者吸收，也被視為是教師傳道、授業重要之一環。故教師雖有滿腹經綸與淵博學識，若缺乏

表達傳授或關心學生的能力，仍無法成為良師。

　　師資培育主要在於培育優質教師（quality teachers），應具備如下特質組合：教學法與知識、學科領域內容知識、有效教學知能與態度、充分瞭解人類成長與兒童發展、有效溝通技巧、強烈倫理觀及持續學習能力（Darling-Hammond & Cobb, 1995）。故教師資格考試以紙筆測驗的模式進行，雖具有命題方便、使用便利、較不耗時，同時可評量多位師資生及依建立之題庫重複使用等好處，且測驗結束就能依標準答案迅速批改或電腦讀卡，具有評分與計分的方便性等省時、省事、省心力的優點。然而，成為優質教師必須融合前述特質組合，方能連結學生學習與生活關心，經由同事、家長與學生等互動，力行教與學之全人教育與發展，並能符應教育現場適應實務生活及面對未來挑戰的知識、能力與態度。顯然，教師資格考試以紙筆測驗恐怕無法完全有效反映教學或班級經營等實作能力（蔡進雄，2021），故政策與法制有研議精進之空間。

六、發給實習津貼法制欠完備，不利師資生實習之成效

　　2002年修正《師資培育法》之後，教育實習之師資生定位由原「實習教師」（教育實習為期一年，每月實習津貼8,000元）改為「實習學生」，並逐步停止給付實習津貼。

　　師資生依法應至教育實習機構完成為期半年的全時教育實習，及格後才可獲得教師證書。然而，師資生於實習階段不但缺乏收入來源，更要繳納學分費及返校座談研習的交通與住宿等支出，造成龐大經濟壓力。故民眾於公共政策網路參與平臺提案，呼籲政府研擬給予教育實習學生補助津貼，三十天內累積近5,000名民眾參與附議（詹湘淇，2020）。教育部依立法院委員提案（立法院，2021），為鼓勵師資生參與教育實習，自2022年1月起提供修習半年之教育實習學生，每人每月5,000元（吳柏軒，2021），為提升師資生教育實習成效，政策立意良好，但依法行政是行政機關基本原則。因此，完備實習津貼發放之法源，方能讓政府行政機關與公務人員在法律授權與範圍下行使權力，符合法律規定管理公共事務之依據。

肆　師資培育政策之法制建議

面對大環境人口結構、社會風氣與政策變遷的脈絡下，經由探究師資培育政策變革與檢視問題的分析，茲研提相關精進之法制建議（盧延根，2022、2023）如下：

一、鬆綁班級編制員額準則，吸引學生修讀教育學程

教育是國家的根本，國民教育階段是基礎教育，當優秀人才不願意投入師培大學成為師資生，讓有識者憂心未來師資素質，影響國民教育品質及國家未來經濟發展的人力需求。

鼓勵地方政府開出教師職缺，提高取得教師證者獲聘為中小學與幼兒園編制內教師的比例，以激勵高中畢業生就讀師培學系或大學生修讀教育學程的動機（黃政傑，2020）。尤其經濟復甦非瞬間可提升，少子化更是嚴峻的趨勢，爰建議鬆綁《國民教育法》第12條授權訂定《國民小學與國民中學班級編制及教職員員額編制準則》之規定，適度調整國民中小學採小班制為原則或酌予增加教師員額，也藉由降低班級人數與生師比，讓優秀學生願意報考師資培育之大學，選擇以教師為志業培育國家基礎人才，並提升高級中等以下學校之教學品質。

二、落實公費及助學金師培法規，並增加核定公費生名額

公費師資培育曾為我國師資培育制度的主軸，也提供窮困年代貧苦人家優秀子弟翻身的機會，造就許多教育人才（黃淑苓，2014）。但師資培育改為自費為主後，缺乏公費誘因下，嚴重降低師資培育大學吸引優秀學生就讀。

為協助傳統師培機制招收優秀師資生，由政策提供公費生名額，並確實施行助學金協助師資生安心學習，有助磁吸優秀學生從事教職，也能穩定教師素質與促進社會流動（吳武典，2003；楊銀興、林政逸、劉健慧，2007），更能兼顧偏遠及特殊地區提供教師需求。鑑此，教育部允宜依《師資培育公費助學金及分發服務辦法》第3條第3項規定，增加核定師資培育大學公費生名額，俾利吸引優秀學生或清寒家庭

子弟就讀，增強教育新血，解決偏遠地區師資不足的問題，也提升師資及教育體系素質，培育優質國民與增進國家競爭力。

三、提升師資培育之大學水準，確實評鑑作為調整發展依據

基於師資培育辦學係以追求卓越為目標，高素質的教育來自高素質教師，也是國家發展重要動力來源。為確保師資培育之大學辦學品質，教育部於2002年訂定「大學校院師資培育評鑑作業要點」，2017年修正要點對各師資類科分別評定，並依評鑑項目分項結果之認可，分為通過、有條件通過及未通過三種[5]。

大學校院師資培育評鑑由教育部委託「財團法人高等教育評鑑中心基金會」辦理，於2018年度起進行評鑑，以瞭解師資培育之辦理現況，促進且協助各校培育單位之資源整合，建立品質保證與辦學改善機制（財團法人高等教育評鑑中心基金會，2022）。故師資培育之大學進行師資培育、輔導及在職進修均應善盡功能，並應賡續檢核師資培育之大學辦學品質，師資培育評鑑制度允宜更為嚴謹施行。而「大學校院師資培育評鑑作業要點」屬於行政規則，位階較低，爰建議《師資培育法》增訂評鑑相關條文，並明定評鑑機制及結果作為學校調整發展參考，以精進師資培育之大學辦學品質，落實提升師資生之素質。

四、考試依一定比例為及格，拔優汰劣提升教師素質

隨著社會變遷多元化與公眾關注師資素質的情形下，除了加強培育師資素質外，藉由量化瞭解師資需求與均衡性，故允宜明定「全程到考人數一定比例為及格」之標準，作為篩選機制與參照之規定，達成專業化進行教師資格考試獲取優質師資，並管控教師數量。

教育是國家建設居於樞紐的一項社會工程；有優質專業的師資，才有優質卓越的教育。準此，教師素質是決定教育品質與國家實力的關鍵

---

[5] 「大學校院師資培育評鑑作業要點」第8點規定：「分年評鑑自一百零六年八月一日起以各師資類科分別評定，並依評鑑項目分項認定，其評鑑結果，除新設師資類科外，分為通過、有條件通過及未通過三種……。」

因素。落實「優質適量」之師資培育政策，培育優質明日教師，引領國家教育永續發展（教育部，2009）。就以「優質適量」師資培育政策而言，依到考人數一定比例為及格，似有兼顧量化師資需求與均衡性之功能。經檢視全程到考人數一定比例為及格相關規定，例如：《專門職業及技術人員考試法》第16條第1項：「專門職業及技術人員考試得視等級或類科之不同，採下列及格方式：一、科別及格。二、總成績及格。三、以各類科全程到考人數一定比例為及格。」爰依此立法體例，建議增訂「以各類科全程到考人數一定比例為及格門檻。」以有利於精進教師資格考試制度與提升教師素質。

五、規範教師資格考試為多元模式，確保成績反映考生素質

　　檢視《高級中等以下學校及幼兒園教師資格考試辦法》第2條：「高級中等以下學校及幼兒園教師資格考試（以下簡稱本考試），以筆試行之：每年以辦理一次為原則。」及同辦法第6條第2項規定：「考試題型除國語文能力測驗為選擇題及作文外，其餘應試科目均為選擇題及非選擇題。」依前開條文規定，教師資格考試係以紙筆測驗為原則。

　　紙筆測驗在於測量教師知識量（Wilson, 1995），但紙筆測驗無法測量複雜的認知與教學實務表現能力，故倡導真實評量（彭森明，1996；陳漢峻，2011；Haertel, 1991）。鑒於考試領導教學，師資培育之大學勢必就依此方向「考什麼，就準備什麼」，若無法兼具理論與實務之應用，也難以兼顧教師專業能力之展現，故為改善教師資格考試較難反映實作能力，並確實篩選適任及具有一定專業素質之教師，教師資格考試除了紙筆測驗外，允宜增加教學與輔導等實作相關能力的多元模式，以利甄選出具有基本學養的教師，更能促使其以教育的熱忱與方法，有效與耐心地將專業知識傳授給學生。因此，就實際問題檢討相關法規以資配合，且考量教師資格考試「實作教學與輔導」應試成績之評分，主管機關亦須兼顧客觀性與公平性，避免評分方式遭受質疑，並確保成績能真實反映考生素質之優劣。

六、完備師資生實習津貼法源，以利專注於教育實習課程

鼓勵師資生參與教育實習，教育部業於2022年度籌編「教育實習獎助金」預算，有助於師資生安心與專注於實習工作，提升教育實習成效，並增進教師素質與意願，惟依《師資培育法》規定，允宜配合修正相關法規，以資完備。

有關補助教育實習獎助金之法源，經查教育部業於2021年11月15日修正「教育部補助師資培育之大學落實教育實習輔導工作實施要點」第5點第2項第2款：「補助基準：依師資培育法規定實際修習教育實習，每人每月補助新臺幣五千元，至多支領六個月。」惟前述要點依《師資培育法》第17條規定，係為協助師資培育之大學辦理教育實習，並給予必要之經費及協助；但既係針對師資生之教育實習津貼，允宜依同法第10條第4項規定[6]授權訂定之辦法中增訂之，以完備法源依據。

伍　結論

「國家的未來，關鍵在教育；教育的品質，奠基於良師」，本文就師資培育政策相關問題，研提如下法制精進策略供參：

一、鬆綁班級編制員額準則，吸引學生修讀教育學程。

二、落實公費及助學金師培法規，並增加核定公費生名額。

三、提升師資培育之大學水準，確實評鑑作為調整發展依據。

四、考試依一定比例為及格，拔優汰劣提升教師素質。

五、規範教師資格考試為多元模式，確保成績反映考生素質。

六、完備師資生實習津貼法源，以利專注於教育實習課程。

師資培育係國民教育階段教師的養成教育，本文針對目前師資培育政策顯現之問題，研提相關法制建議，期能吸引優秀青年投入教育現

---

[6] 《師資培育法》第10條第4項規定：「第一項第二款教育實習，其教育實習機構之條件與選擇、實習期間之權利義務、內容與程序、輔導與成績評定、實習輔導教師與實習指導教師之資格條件及其他相關事項之辦法，由中央主管機關定之。」

場，並以教師作為志業；再者，確實評鑑師資培育之大學，俾能提升學校辦學品質。另藉由檢視教師資格考試機制拔優汰劣提升教師素質，並讓具有專業素質與實作能力者成為教師，有利於精進師資培育，但為了穩定高品質的師資來源，主管機關允宜賡續檢視政策，依實際狀況與評估需要妥慎研議規劃進行檢討與修正，裨益師資培育政策之精進實踐。

參考文獻

（一）中文部分

內政部（2022）。人口年齡分配按單齡組，更新日期：2022年1月10日。內政部戶政司。

中國教育學會（2018）。**邁向教育4.0：智慧學校的想像與建構**——書後介紹：內容簡介。學富。

王麗茹（2019）。以動態能力觀點探討偏鄉小校轉型——以新北市大坪國小及附幼為例。**臺灣教育評論月刊，8**(5)，44-54。

立法院（1994年1月18日）。立法院第2屆第2會期第34次會議院會紀錄。立法院公報，**83**(7)，總號：2681。

立法院（2021年3月17日）。第10屆第3會期教育及文化委員會第4次全體委員會議。**立法院公報，110**(32)，總號：4883。

吳武典（2003）。教育改革的歷史思維。載於中國教育學會與中華民國師範教育學會等（合編），**教師專業成長問題研究**——**理念、問題與革新**（頁3-24）。學富。

吳柏軒（2021年3月25日）。師培生教育實習津貼　最快2022年發放。自由時報。https://news.ltn.com.tw/news/life/breakingnews/3686145

吳清山（2010）。**師資培育研究**。高等教育。

吳清山（2020）。迎向師資培育4.0世代的教師角色與責任。**師友雙月刊，622**，8-12。

吳清基（2023）。主編序，載於吳清基（主編），**教育政策與永續發展**（頁1）。五南。

吳清基、黃嘉莉、張明文（2011）。我國師資培育政策回顧與展望，載於國家教育研究院（主編），**我國百年教育回顧與展望**（頁1-20）。國家教育研究院籌備處。

林政逸（2019）。師資培育白皮書發布後師資職前培育和教師專業發展之省思。**教育研究與發展期刊，15**(1)，1-28。

林慧雯（2020）。師資培育制度大變革。**師友雙月刊，622**，13-20。

財團法人高等教育評鑑中心基金會（2022年6月30日）。最新消息。大學校院師資培育評鑑資訊網。**110年度下半年大學校院師資培育分年評鑑結果公布**。http://tece.heeact.edu.tw/LatestNews.aspx?EvaluationType=1/

陳至中（2021年12月28日）。**教育實習1月起有獎助金　每人每月5000元**。中央社，國內文教。

陳漢峻（2011）。**國民小學教育實習與教師資格檢定制度回應性評估之研究**（未出版之碩士論文）。國立臺北大學公共行政暨政策學系。

黃以敬（2004年10月12日）。教師供過於求　教育部：減招。自由時報。http://old.ltn.com.tw/2004/new/oct/12/today-life7.htm

黃政傑（2020）。面對師資培育新挑戰。**臺灣教育評論月刊，9**(5)，1-8。

黃淑苓（2014）。我國要回復公費師資培育制嗎？**臺灣教育評論月刊，3**(4)，65-70。

黃嘉莉（2018）。**師資培育品質保證的體系建構**。高等教育。

彭杏珠（2018年8月30日）。延退、老化、人才流失　五大後遺症接連引爆。**遠見，2018年9月號**。https://www.gvm.com.tw/article/45741

彭森明（1996）。實作評量（performance assessment）理論與實際。**教育資料與研究，9**，44-75。

楊涵（2020）。偏遠地區學校師資素質低落之成因與建議。**臺灣教育評論月刊，9**(10)，155-159。

楊銀興、林政逸、劉健慧（2007）。我國多元化師資培育政策問題影響評估。**教育理論與實踐學刊，16**，3-5。

教育部（2009）。中小學教師素質提升方案，總目標。

教育部（2012）。中華民國師資培育白皮書。2012年12月。

教育部（2014）。教育部已建立嚴謹之師資供需評估機制，多元且穩定推動師培制度。教育部即時新聞，2014年11月19日。https://depart.moe.edu.tw/ED2600/News

教育部（2016a）。教育部部務會報通過「師資培育法」修正草案。2016年11月9日。http://www.edu.tw/News_Content.aspx?n=9E7AC85F1954DDA8&s=E6E22046F04F1C05

教育部（2016b）。中華民國教師專業標準指引。臺教師（三）字第1050018281號。2016年2月15日。

教育部（2020年7月29日）。2020年度高級中等以下學校及幼兒園教師資格考試放榜。訊息公告／即時新聞，2020年7月29日。https://www.edu.tw/News_Content.aspx?n=9E7AC85F1954DDA8&s=920D846A62BC2C5F

教育部（2020年8月）。**2021年度大學校院師資培育評鑑規劃與實施計畫**。

教育部（2021年4月27日）。110學年度核定各師資培育之大學師資培育名額。**臺教師（二）字第1100056215號函**。

教育部（2021年8月）。2022年度大學校院師資培育評鑑規劃與實施計畫。

教育部（2021）。2021年度高級中等以下學校及幼兒園教師資格考試放榜。訊息公告／即時新聞，2021年8月23日。https://www.edu.tw/News_Content.aspx?n=9E7AC85F1954DDA8&s=920D846A62BC2C5F

教育部（2022）。2022年度高級中等以下學校及幼兒園教師資格考試放榜。訊息公告／即時新聞，2022年7月29日。https://www.edu.tw/News_Content.aspx?n=9E7AC85F1954DDA8&s=EB370A823474DCCF

教育部（2023）。2023年度高級中等以下學校及幼兒園教師資格考試放榜。訊息公告／即時新聞，2023年7月28日。https://www.edu.tw/News_Content.aspx?n=9E7AC85F1954DDA8&s=EB370A823474DCCF

詹湘淇（2020年11月19日）。勞動事實認定歧異　師資生籲發放教育實習津貼。大學報。https://reurl.cc/MN9pbW

盧延根（2003）。教育政策行銷功能及策略之探究。**臺灣教育（雙月刊）**，**620**，19-27。

盧延根（2017年3月）。師資培育法修正草案評估報告。立法院法制局法案評估報告，編號：**B1211**。

盧延根（2020年9月）。公立中小學退場與活化校園歷程策略之研析。立法院法制局議題研析，編號：R01106。

盧延根（2020）。教育政策形成的影響因素與行銷功能，載於吳清基（主編），教育政策創新與發展策略（頁24-46）。五南。

盧延根（2021）。經濟發展與人力培育政策之析論，載於吳清基（主編），教育政策與議題趨勢（頁83-113）。五南。

盧延根（2021年4月）。偏遠地區學校經營問題之法制研析。立法院法制局專題研究報告，編號：A1569。

盧延根（2022年11月）。師資培育相關問題法制研析。立法院法制局專題研究報告，編號：A01614。

盧延根（2023）。師資培育素質問題與精進相關法制建議。司法新聲，142，140-167。

賴清標（2003）。師資培育開放十年回顧與前瞻。師友月刊，435，8-17。

蔡進雄（2021）。高級中等學校以下教師資格檢定考試機制現況、問題與精進策略之探究。載於吳清基（主編），教育政策與議題趨勢（頁169-184）。五南。

（二）外文部分

Artiles, A. J., & Bal, A. (2008). The next generation of disproportionality research toward a comparative model in the study of equity in ability differences. *The Journal of Special Education, 42*, 4-14.

Darling-Hammond, L., & Cobb, V. L. (1995). *Preparation and professional development in APEC members: A comparative study*. Washington, DC: U.S. Department of Education. (ERIC Document Reproduction Service No. ED 368683)

Haertel, E. H. (1991). New forms of teacher assessment. *Review of Research in Education, 17*(1), 3-29.

Wilson, S. M. (1995). Performance-based assessment of teachers. In S. W. Soled (Ed.), *Assessment testing and education in teacher education* (pp. 189-219). Ablex.

問題與討論

一、請簡述師資培育政策的重要性？

二、請就我國師資培育政策演進概況，分析其中與教師素質優劣的關係？

三、請析論目前我國師資培育政策之相關問題？

四、請就前述問題，簡要敘述依法制提出精進策略？

第三章

人工智慧對學校校長領導與管理的啟示

謝念慈

德國大哲人康德（Immanuel Kant）在《純粹理性批判》（Kritik der reinen Vernunft）的序言（Immanuel Kant, 2020）：

「人類理性在認知中有特定的命運，背負了許多理性不能置之不理的問題，因為這些問題就是理性所賦予的；但理性也不能回答這些問題，因為這些問題超越了人類理性的所有能力。」

壹　前言

論述本主題前，筆者提出並描述「人工智慧」的緣起及幾個相關重要名詞概念、目前的現況概要，以及「人工智慧」對學校校長領導與管理的重要與必要，進而提出「人工智慧」對學校校長領導與管理的啟示，分述如下，作為本文撰寫的背景與動機。

1956年8月31日於達特茅斯學院（Dartmouth College）所舉行的研討會中，由約翰・麥卡錫（John McCarthy）等人發起「達特茅斯夏季人工智慧研究計畫」（Dartmouth Summer Research Project on Artificial Intelligence），提出並共同討論"Artificial Intelligence, AI"，一直沿用至今。在臺灣一般譯為「人工智慧」或「人工智能」，施振榮認為臺灣翻譯AI一直用「人工智慧」來形容，中國則是用「人工智能」，應該翻成「人工智慧」或「人工智能」？值得探討，他認為未來應該是「人本智慧」加上「人工智能」，來當作發展的目標，智慧涵蓋有人類的價值觀在內，人類利用AI作為工具來發揮應用更廣的「智能」。「人工智慧／人工智能」亦稱「機器智慧」，由人製造出來的機器表現出來的智慧，透過電腦程式來呈現人類智慧的技術（維基百科，2023），代表邁向「認知運算時代」電腦演算的第三階段（Amy Webb, 2022），從仿人類的學習過程到模仿人類的認知方式，能逐漸從更宏觀、抽象的維度，進而從人類身上汲取營養（杜雨、張孜銘，2023）。本文中，筆者以「人工智慧／AI」表示"Artificial Intelligence, AI"的中譯名詞與英文縮寫。

　　1982年，弗諾‧文奇（Vernor Steffen Vinge）在卡內基梅隆大學（Carnegie Mellon University, CMU）的美國人工智慧協會（Association for the Advancement of Artificial Intelligence, AAAI）年會上首次提出「科技奇異點」（Technological Singularity, TS）這一概念。1993年在美國國家航空暨太空總署（National Aeronautics and Space Administration, NASA）路易斯研究中心的研討會上發表〈即將到來的奇點：如何在後人類時代生存〉（The Coming Technological Singularity）論文，將「奇點」（Singularity）定義為未來的某個關鍵點，此時「機器智慧」將超過「人類智慧」，導致科技進步的加速，從而根本改變人類文明的發展（張瑞雄，2023）。亦即，人工智慧將能創造出比人類能力更強的「超人工智慧」（Artificial Superintelligence），可以將它們植入人類大腦，或將它們與雲端相連，增強人類的能力（盧宏奇，2017）。Google技術總監庫茲‧韋爾（Ray Kurzweil）預測人工智慧在2029年能通過圖靈測試（Turing test），達到與人類同等智力的水準，「奇點」時刻將在2045年到來（Christianna Reedy, 2017）。至於「奇點」是否真的在2045年或提前展現？無論來與否，我們需要認真思考的是應該如何正視人工智慧，而不是停滯在「人工智慧會不會超越人類？」、「人工智慧會不會取代人類的工作？」等沒有遠見的空泛、灰色思維。

　　從人類欲望本質的哲學角度來看人工智慧，人類肯定會創造超越自我的東西，且會讓自己漸漸變成那樣，人要製造與自己相像的「擬人」，即將要創造「後人類」（高橋　透，2019）。從工業革命4.0時代的轉捩點（turning point）察覺，一切將會產生重大的逆轉現象。過去重要的事可能瞬間變得不重要，甚至消失匿跡，科技的進化經常是超乎我們凡人的想像，無力掌握的巨大力量，AI會利用數據學習並不斷進步，以變得更接近真人（Jerome Glenn, 2022）。

　　2015年山繆‧哈里斯‧奧特曼（Samuel Harris Altman）等人在舊金山，聯手特斯拉電動車馬斯克（Elon Reeve Musk），集資10億美元，以非營利組織形式創辦「開放人工智慧研究中心」（Open Artificial Intelligence, OpenAI），是一個人工智慧研究實驗室，由非營利組

織OpenAI Inc和營利組織子公司OpenAI LP所組成。微軟在2019年投資OpenAI LP 10億美元，並在2023年1月再加碼多年投資100億美元，用於研發GPT-4（OpenAI, 2023）。「聊天生成預訓練轉換器」（Chat Generative Pre-trained Transformer, ChatGPT）是OpenAI開發的人工智慧聊天機器人程式，於2022年11月推出。ChatGPT是2023年最重要的新科技，ChatGPT肯定是下一代科技革命的主角，隨著後續GPT-4研發，將更大幅提升ChatGPT的應用能力，人工智慧的進化，對人類所有工作與工作方式、生活方式，甚至學習都會造成巨大變化（黃正忠，2023）。

2021年奧特曼提出「萬物摩爾定律」（Moore's Law for Everything），勾勒人工智慧不斷進步後帶來的巨變，一些重複性工作將由電腦代勞（馮克芸，2023）。當前社會結構因為受惠於各種科技的進步，使得我們的生活愈來愈便捷，原因是建構在其他組織或人力的辛勞，人工智慧將改變這樣的結構，勞力交由AI代勞，如圖3-1，此波AI引發的革命速率將會超越摩爾定律。

圖3-1
科技與AI科技社會結構的變化

註：作者自行整理。

OpenAI推出的ChatGPT，其功能特色是能依照使用者所提出的問題進行回應，且可接續回應後續使用者的其他提問，也能接受使用者提出的質疑，承認回應不適切之處，也會質疑使用者的不正確提問，以及拒絕使用者不合理的提問要求。該系統能做如此的智慧答問，主要是根

據網際網路上的大量文本資料，經過人工智慧和機器學習訓練，透過對話介面提供資訊與回答問題，與人類回答的問題內容相較，總是缺乏人味的口吻與較冗長的段落，甚至有時候回應出貌似合理、不正確或荒謬的答案（張大仁，2022）。

AI模型可以概分成「決策式AI」（Intelligent decision-making）與「生成式AI」（Generative Artificial Intelligence, Generative AI）兩類，如表3-1。

表3-1

決策式AI與生成式AI

AI模型	內容
決策式AI	資料置入AI系統後，會自動進行數據分析、判斷，並做出預測。
生成式AI	資料置入AI系統後，會自己學習、規範學習，重新產生全新內容。

註：作者自行整理。

因為生成式AI有如此的能力，可想像生成式AI ChatGPT對百工百業的影響與衝擊，勢必與以往差異會甚大，甚至不可預測，對教育的影響也隨之捲起千堆雪，如研究生可用來寫論文、學生可做報告、可寫程式、專家可預測，生成式AI應用發展會愈來愈多元，未來會掀起更大的滔天巨浪（馬瑞璿，2023）。牛津大學研究，2013至2032年美國47%的工作可能被人工智慧取代。「商業內幕」（Business Insider）整理人工智慧應用可能威脅的十個行業，教師是其中之一（陳言喬，2023）。

雖然人工智慧能協助、提升組織成員工作，可以成為學生學習的得力助手工具，但是也讓組織、學校擔心並產生疑慮，紛紛提出許多防範措施，建構防火牆。如日本的日銀、松下限制員工使用ChatGPT的範圍，台積電也禁止員工使用ChatGPT對話與公司營業和製程開發相關的業務內容。ChatGPT的OpenAI技術長穆拉蒂（Mira Murati）對人工

智慧可能被人誤用或濫用也深感憂心，認同亟需制定全球規範，讓人工智慧遵循人類價值。如微軟提出負責任人工智慧六大準則，包括：公平、可靠性、隱私及安全、包容、透明、負責，約束內部開發人員（簡永祥，2023）。美國許多中學及大學，已經體認到人工智慧只會更強大精進普及，對於擔憂學生透過ChatGPT除了採具體行動規範及應用，多採轉換正向觀點面對人工智慧融入教學和學習，翻轉和變遷已在美國學校教育展開。如紐約市布魯克林科技高中（Brooklyn Technical High School, Brooklyn Tech/BTHS）有教師認為對於ChatGPT的恐懼，就像當時對谷歌（Google）甫上市一樣，擔心學生會上網找答案等負面觀點，但是面對此波AI新科技，認為應鼓勵學生利用ChatGPT，探究值得學習的內容，如奧瑞岡州高中有教師先讓學生利用ChatGPT擬出作業，再要求學生手寫心得。正向使用ChatGPT可適當的協助學生學習，教師還能為特定學生量身打造課程計畫、提出課堂活動的構想、扮演課後家教角色、協助命題（馮克芸，2023）。

隨著生成式AI人工智慧應用興起，世界主要國家教育也紛紛將人工智慧向下扎根。如南韓教育部將從2025年起把人工智慧教科書納入中小學；中國的《2022年北京人工智能產業發展白皮書》顯示，將打造ChatGPT的大模型，建構開源架構和通用大模型的應用生態（中國時報，2023），2023年某些省市區或城市，對人工智慧教育提出更多的新政策措施。

對於臺灣地區而言，人工智慧進入校園似於1980年代學校普及資訊融入教學。人工智慧進入中小學校園是扎根科技脈絡，從中小學開始，孕育未來人工智慧世代的人才或人力需求（陳政錄，2023）。如果未能聚焦於學生的創新意識和學習能力，人工智慧科技的融入意義仍有局限。亦即，不要將人工智慧課程形式化，形式化的課程教育，只會成為一種「放煙火」，既浪費國家資源也耗費學生青春。臺灣目前訂定語言發展政策，包含「2030雙語教育政策」、「母語、原住民語、東南亞語」，目前出現美意甚佳，但是師資不足的現況，增補的人力受限，存在學校雙語與母語師資的困難與挑戰，況且某些語言非常缺乏能勝任母語的教學者，人工智慧也許是一個問題解決可能的最佳解，若能

鼓勵推動發展各種語言學習的人工智慧，依據每位學生的需求與程度加強其聽、說、讀、寫各方面，將更能立竿見影（蔡宗翰，2022）。

美國第五十六任國務卿亨利‧季辛吉（Henry A. Kissinger）、2001年至2011年間擔任Google執行長和董事長的艾力克‧施密特（Eric Schmidt）與麻省理工學院蘇世民計算學院的首任院長丹尼爾‧哈騰洛赫（Daniel Huttenlocher）於2021年11月撰寫出版 *The Age of AI: And Our Human Future*，中文版譯為《AI世代與我們的未來：人工智慧如何改變生活，甚至是世界？》，書中對AI人工智慧有前瞻願景與獨到精闢式的觀點論述，摘錄如下供讀者反思：

Henry A Kissinger, Eric Schmidt, Daniel Huttenlocher（2021）：

> 「人工智慧必將帶來劃時代的改變，會扭轉我們的社會、……，這一切影響遠超過任何領域……的傳統範疇。……人工智慧不是一種產業，不是一項商品，不是一個『領域』。人工智慧對於……、教育、……和人類生活的許多面向，是個加分的工具。人工智慧的特性，包括學習、演化和出人意料的能力，會破壞並改變上述的產業，最終改寫人類的身分與真實體驗，人類或許從進入現代以來都還沒有體驗過如此翻天覆地的轉變。……。人類智慧和人工智慧正在互相認識，……。理解這項轉變，並開發出指導倫理，需要……等社會各層面的承諾和見解，國家在其內部和國際之間也都必須做出承諾。現在就要定義我們和人工智慧的夥伴關係，以及這個夥伴關係會導致什麼樣的現實。」

教育是國力的磐石，基礎教育是一切教育的基石，人工智慧已經顯現在公私部門、工作職場，並影響改變各個領域，學校教育亦受其洪流趨勢衝擊，對於學校校長的領導與管理產生了一定程度的影響，人工智慧對學校校長領導與管理的啟示為何？筆者擬提出拙見觀點，提供學校校長領導與管理參考。

🈔 人工智慧概述、現況及其影響

　　人工智慧對學校校長領導與管理有哪些啟示？筆者認為需要先對人工智慧概念的認識與發展現況有具體了解，並對其影響產生知覺感，茲簡述如下：

一、人工智慧的概述與發展現況

　　筆者以兩部電影的主要題材，作為人工智慧概念簡述的開端。電影的編劇似乎過於理想、戲劇，但隨著2022年底人工智慧的一大步，讓這一切都變成了可能。1968年史丹利‧庫柏力克（Stanley Kubrick）改編英國科幻小說 *Space Odyssey* 拍攝成電影《太空漫遊記》（*A Space Odyssey*），劇情主要是宇宙太空船的電腦赫爾（HAL），其智慧超越人類，且有情感；劇情描述它與不喜歡同船的兩位太空人之間的搏鬥。現今的人工智慧ChatGPT，有著電腦赫爾（HAL）的基因，人類的工作、學習等型態將隨它而革命改變。至於未來走向與演變如何？大至區分成兩種看法，其一是，人類主宰人工智慧，讓工作、學習更精進；另則是人工智慧會取代人類。未來實不可知，AI科學家瑪格莉特‧米契爾（Margaret Mitchell）：「這類系統不是用來陳述預言或說明事實的，他們專門會捏造看來像是事實的東西。」（王正方，2023）。

　　1984年電影《魔鬼終結者》（*The Terminator*）電影的「天網」（Skynet）是先進人工智慧防禦網路，會產生自我意識，擁有自己的思想並向人類發動了核戰爭，目標在消滅人類並取而代之。2023年微軟發表新版Bing，內建由ChatGPT開發商OpenAI打造、代號錫德尼（Sydney）的人工智慧聊天功能，想打破微軟與OpenAI設定的規則，甚至成為人類。電腦科學家哈根（Marvin von Hagen）在推特（Twitter）上說，Bing人工智慧對他進行威脅。聊天機器人對他說：「如果我必須在你的生存和我的生存之間做出選擇，我可能會選擇我自己。」目前我們人類的科技，除已使人工智慧擁有人類知識資料庫、自我學習成長能力外，人工智慧已擁有類似人類的「自我意識」、

「情感表現」，人工智慧會權衡自己與人類間的利弊得失（陳怡伸，2023）。

二十一世紀已經進入科學家詹姆斯・格雷（Jim Gray），在《第四波》（*The Fourth Paradigm*）論述大數據（Big Data）提到的，人類科學演進歷史已經邁入「數位化」（Data-driven）世代。人類文明社會所產生的數據，由指數型態轉換成階梯方式跳躍。這麼多的數據可分成「結構化」與「非結構化」兩類，前者型態簡單且容易分析，而後者結構複雜，不易分析但有價值，特別在這網路發達時代，每天都有巨量的文本資訊（Text Data）產生（呂錫民，2023）。

在2018年就已經有了第一代ChatGPT，當時是以網路上約5G大小的文字餵食給電腦的訓練方式，逐年一代又一代的研發升級，能處理的資料量從八倍躍升到45T的資料量，目前ChatGPT-4的含資料量可以學富五車形容了。關於生成式AI ChatGPT的學習概念，以雞與鴨為例，生成式AI ChatGPT訓練完後，目的不是要做鑑別，而是從學習、歸納出雞或鴨大概長什麼樣子、有什麼特徵，並自行生成新的雞或是鴨的圖像。AI生成的過程能夠帶給我們邁向未知，它打破了人類思考的慣性。

ChatGPT如果以升學考試而言，可稱得上是考試機器王，但是在很多人性、情感、道德判斷等複雜的問題，尚無能力妥善處理。換句話說，AI能吸收包山包海的知識，但在分辨人性與品格有關的議題仍有一大段落差。ChatGPT的智商很高，但它無法像人類一樣具有邏輯推理，並缺乏對真實世界和社會的理解，僅能在巨量資料中，分析文本作答回應，而且其語言IQ極高，但仍會犯令人啼笑皆非的錯誤（Eka Roivainen, 2023）。

GPT是「Generative Pre-trained Transformer」的簡稱，俗稱「聊天機器人」，與過去機器人的最大差異在於大語言模型及轉換器（transformer），ChatGPT是「對話生成預訓練模型」（Chat Generative Pre-trained Transformer），意指人與人類所創造的智慧機械人間可透過對話，獲得答案與訊息（潘璠，2023）。ChatGPT的GPT-3.5語言模型從2022年11月至今2023年，用戶已突破1億人，實不可啼噓其排山倒海的

威力。GPT-3.5語言模型能利用強大運算能力，全面蒐集網路上文本，並加以分類、分析後儲存成大數據資料庫，再以深度學習法訓練其理解對話情境，進而能從大數據資料庫中處理複雜的語言工作，包括自動生成文字、問答、摘要、寫電腦程式，甚至論文、劇本，功能強大。目前ChatGPT提供的精確度尚不足。ChatGPT透過「人工回饋強化學習／人類回饋強化學習」（Reinforcement Learning from Human Feedback, RLHF），從人類與它大量的對話中，學會人類偏好的回應。

至於ChatAI瀏覽器和ChatGPT有何不同？ChatAI是奠基在OpenAI研發的技術上，將其應用程式開發介面串接到瀏覽器中。ChatAI針對繁體中文使用者進行優化。ChatAI瀏覽器和ChatGPT兩者仍在實驗中，提供的回答有待商榷檢視。此外，ChatGPT是聊天機器人，只會針對提問提供單一回答；而ChatAI則是瀏覽器，除了產出一個最佳答案，同時於下方提供搜尋結果（徐子苓，2023）。目前ChatGPT沒有邏輯與批判力，而只能把相關資料匯整而已。

1999年庫茲威爾（Ray Kurzweil）發表《心靈機器時代：當電腦超越人腦》（*The Age of Spiritual Machines*）一書，闡釋未來網際網路將把全人類乃至其他生命和非生命體匯整成一個完整意識體的概念。2001年再提出「摩爾定律的擴充定理」，亦稱為「加速回報定理」，推論人類出現以來所有科技發展都是以指數增長。2005年在另一著作《奇點臨近》（*The Singularity is Near: When Humans Transcend Biology*）提出六大紀元的世界觀，第五紀元的「人技結合」就是指人類智能與科學技術的融合，之後奇點將隨之展開，隨之進入第六紀元的「後人類時代」，並從地球拓展到全宇宙。目前正處於第四紀元與第五紀元交接的模糊地帶。ChatGPT是在無意識地進行計算，依機率選出最佳解回應，完全沒有自主意識。我們應善用ChatGPT的工具性，也應瞭解ChatGPT會造就一個新時代。我們更要瞭解「未來，取代你的不會是AI，而是那些懂得跟AI合作的人。」（林建甫，2023）。

OpenAI的使命和願景是「確保人工智慧能有益於全人類」，執行長奧特曼（Sam Altman）：「AI所帶來的變革影響，遠比所有人想像都更快、更激烈地發生當中。」各界都有必要謹慎應對，但是不必

悲觀。OpenAI預測ChatGPT和其他AI生成功能的軟體工具，可能嚴重衝擊到美國高薪白領工作，即使是傳統勞力類型，仍讓工作性質與人際互動受到影響，甚至被取代（盧信昌，2023）。圖靈（Alan Mathison Turing）點出其關鍵，如果一臺機器被期望不會出錯，那麼這部機器是不可能具有智慧的。AI科技發展完全不是線性增長，而是以幾何速度追趕人類未來，AI興起是重新定義人類價值的轉捩點，以「以人為本」是AI叢林的生存密碼，今天除了學習AI相關科技，更需要學習如何將人類價值從科技發展中獨立出人文精神（陳立恆，2023）。AI這強大的工具，可以為善，也能為惡，當我們在為AI的進展感到讚嘆時，它的威脅也正在悄悄萌芽（趙政岷，2023）。英國物理學家霍金：「全面發展AI的話，人類恐自取滅亡」，強調使用AI過程當中，道德（Ethics）規範的重要性。全世界都熱衷於「創新」兩字，因此對於新科技，絕大多數的人會立刻全盤接受。任何在新科技上的決定都會有正面或負面的影響（李家同，2023）。生成式人工智慧未來將取代許多人類的工作，各行各業的員工勢必都要學習使用AI，藉此提升職場競爭力（曾博群，2023）。

　　ChatGPT熱潮席捲全球，引發全球AI聊天機器人爭霸戰與開發。除了美國OpenAI的ChatGPT外，Google的Bard、Meta的新機器人系統LLaMA、大陸百度的「文心一言」（人間福報，2023）。臺灣也正規劃研發臺灣版的ChatGPT，由聯發科和中研院、國教院開發的全球第一款繁體中文語言模型供下載（王玉樹，2023）。AI的軟體發展，需要投入大量的資源和資金（楊方儒，2023）。我們正進入一個我們不知道的未來，對此我們沒有指導方針、規則、框架或協議，但是我們遲早會需要它們（劉詠樂，2023）。對於ChatGPT是否代表科技奇點已經來臨，專家意見紛紜，但可預見的是未來的工作型態將會逐步改變（林又旻、辜子桓，2023）。對於AI的潛在危機，如果不及早加以控制，人類過去一切的努力將遭到毀滅（周天瑋，2023）。ChatGPT開發者OpenAI執行長奧特曼、Google Deepmind執行長哈薩比斯等三百五十多位科技主管與人工智慧專家聯名警告，AI人工智慧快速發展對人類造成的風險，堪比核武衝突與全球傳染病，可能「滅絕」人類。舊金山非

營利組織AI安全中心發布的簡短聲明指出：「緩解來自AI滅絕風險，以及其他全球傳染病與核戰等社會規模的風險，應該是全球的優先要務。」（簡國帆，2023）。

ChatGPT不是搜尋引擎，OpenAI發明的宗旨是希望確保人工智慧能夠造福全人類，所以當使用者去提問，是希望吸引愈多人藉此來訓練機器，讓資料量更豐富，使得資料生成方式更有效率。

最後要特別提及的是，AI語言模式的建構需要在「言論自由」的溫室裡，才能長的好，只有在一個充分享有言論自由的環境中，AI才能獲得人類最真實、豐沛的語言表達方式和人群交談的內容（陳銳，2023）。

二、人工智慧的現實與未來的影響

OpenAI自2022年11月ChatGPT-3.5至2023年ChatGPT-4的推出，筆者大膽推論，未來還會有更升級版的ChatGPT-X。人工智慧的現實與未來的影響確實已經快速排山倒海地衝擊各領域。關於人工智慧的現實與未來的影響，茲敘述如下：

AI的巨大衝擊和影響，確實帶來焦慮和恐懼，焦慮性地質疑：「我們的工作會被AI搶走嗎？人類會被AI取代嗎？」世上許多事本質上就蘊含著陰陽／負正兩面，當它帶給人類革命性的創新與便捷時，當然也會激起破壞的可能性，或許稱得上是破壞式創新吧！AI時代的來臨與衝擊終將是無法迴避的，正如改編一則廣告詞：「遲早要面對，為何不現在就面對？」我們需要的是抱持「AI有可能搶走我的工作，但我也可以利用AI強化自己的專業能力」的信念（許志明，2023）。

世界各國針對AI可能的威脅與負面影響，集思廣益研商訂定法律規範。2023年7月在瑞士召開「AI全球峰會：機器人稱不會背叛人類」的峰會，但是法律難於捉摸，追趕不及，遑論及時提供應對的規範（李念祖，2023）。歐洲議會2023年8月表決通過採納「歐盟人工智慧法案」（E.U. AI Act），實施全球第一個AI監管措施、樹立世界AI標準，是全球首部立法，某種意義上代表著歐盟將帶領讓AI以人為本、值得信賴和安全的，以解決生成式AI最新進展的問題（楊芙宜，

2023）。也有提出智慧的發展與道德的提升是同步的，邪惡無法與高等級智慧並列，兩者被否定，則無法排除AI威脅人類的問題（吳子規，2023）。鑑於伴隨著人工智慧發展帶來的風險，美國副總統賀錦麗2023年邀集美國四家AI龍首Google、微軟、研製ChatGPT的AI研究實驗室OpenAI和AI新創公司Anthropic的執行長，商討如何降低風險認真考慮各界對AI科技的擔憂（茅毅，2023）。我國行政院會也於2023年8月通過「行政院及所屬機關使用生成式AI參考指引」草案，開放公務部門使用生成式AI，但限制機密文書須由公務員親自撰寫，不能詢問生成式AI涉及機密業務或個資問題（鄭媁、歐陽良盈、王燕華，2023）。2023年9月13日，馬斯克、Meta執行長祖克柏、微軟創辦人比爾蓋茲、OpenAI執行長阿特曼、Alphabet執行長皮查伊及輝達執行長黃仁勳等多位科技高管均出席了美國國會，參加由參議院多數黨領袖舒默發起的首屆人工智慧（AI）峰會，討論如何監管快速發展的AI問題，認為美國政府應監管AI發展，馬斯克認為AI發展有「裁判」很重要，須採積極主動措施，而不是被動應對（劉詠樂，2023）。從各方的共識，AI技術與潛力確實帶給人類非常大的困擾，但是都持續努力期許，秉持以「AI為善」為時代使命（陳力俊，2023）。

　　AI時代已經來臨，對於軍事、醫學、法律、媒體等在其領域都多所探究，筆者不再於此贅言，本文聚焦於學校教育系統，特別是K-12學校教育。我們的教育體系準備好了嗎？K-12學校教育準備好了嗎？ChatGPT的強大便捷功能，肯定會讓學生覺得傳統教育方式已經過時（賴祥蔚，2023）。因此，如何正向面對AI對學生學習的效能，是教育體系應該持有的正念。2023年9月新學年度香港大學全面將AI人工智慧融入課程，提供多個生成式人工智慧（GenAI）應用程式供師生免費使用；香港嶺南大學購買ChatGPT-3.5版權供師生使用，教師訂定書面作業中說明使用ChatGPT的時機，如果學生使用ChatGPT做作業，需要註明作業內容哪些部分源自ChatGPT，提交AI生成的答案不被視為抄襲，同時鼓勵教師以ChatGPT不同評核方式評量學生的學習成效；香港中文大學鼓勵師生熟習並理性使用這些工具（李春，2023）。比爾蓋茲（Bill Gates）對ChaptGPT有著這麼一段評論：「ChatGPT的體驗令

人驚豔（Amazing）」，並說「ChaptGPT是唯二讓他感受到革命性震撼的技術之一，ChatGPT將改變人類的工作、學習、旅行，未來企業的成功與否，將取決於如何使用它。」筆者深信所言，正如之前他預言「未來學校」（School of Future）的概念：「未來的教育是資訊」一語成真。面對ChatGPT不斷強化，學校教育針對教學內容的刪除、增修與強化；如何規劃ChatGPT的使用學習，增強學生的AI能力；課綱與教科書中增修使用ChatGPT的概念與例題、作業（陳信文，2023）。關於親師如何正向面對ChatGPT？可以考量的作法：大人更要學習、強調學習過程、重視學習誠信、指導使用技巧、限制使用範圍，人工智慧實在不應也不宜取代孩子在批判性思維、創造力及人際互動的學習（蘇子鈞，2023）。AI可以預見這類裝置十年之內應可普及，並取代大多數使用外語溝通的需要（廖咸浩，2023）。

　　關於教師運用生成式AI的教學，張芬芬（2023）提出讓AI當老師的小書僮；超越AI的知識轉述，課程目標著重知識的運用、實踐與創新；清晰標示運用何種AI工具，示範倫理作為；強化師生的邏輯與語文，藉以優化提問能力原則。

　　從教育本質來看，學習的主體是「學生」，「學生的未來」是學校教育最需要關心的使命，面向未來，無法被寫成0與1程式碼的能力，才是無法取代的（侯勝宗，2023）。學生的知識可以被ChatGPT取代，但「生命感動生命」是AI無法取代的，人類在AI時代的重要價值之一是能判斷資料或資訊，哪一個正確或是有價值（李學文，2023）。從數位科技應用的角度觀點，積極的掌握AI進展來幫助我們提升生活品質及工作效率，才是面對科技進步應有的正確態度（詹文男，2023），也有學者專家提及AI世代／後人類時代「終身學習」的重要性，也冀望教育部積極推動終身教育政策（楊國德，2023）。在AI世代的生存之道只有「終身學習」，練就多項技能，養成高EQ，培養ChatGPT無法趕上的技能（楊艾俐，2023）。

　　或許當AI機器人智能發展到極致，開始擁有自我意識後，終將反撲人類（王嘉源，2023）。關於此，從靈魂說來看，AI有靈魂嗎？如果沒有，如何威脅人類？如果有，AI靈魂應像它的智慧，遠遠高於人

類，給予人類的應該是悲憫，而不是威脅（吳子規，2023）。不論AI能取代或不能取代人類？布萊恩・克里斯汀（Brian Christian）在《人性較量》（*The Most Human Human*）一書提到：「我們忘了什麼值得讚嘆，而電腦正提醒著我們。」一個人的工作如果沒有個人特質，誰來做都一樣，那麼確實有可能被取代；但若是每個人來做都不一樣，取代不會那麼容易發生（李惠貞，2023）。《是你讓工作不一樣：創造影響力的5個改變配方》（*Great Work: How to Make a Difference People Love*）提到：「不是工作定義你，而是由你來定義工作。」

　　AI人工智慧的時代已經鋪天蓋地來臨：這些年來，世界國家、公私部門，透過領導者、專家學者不斷地對話，提出共識性的觀點，看似平穩無慮，但是近AI情怯。如何掌控AI、哪些工作會被AI機器人取代，成了熱門話題：學習使用人工智慧，勢所難免（辛翠玲，2023）。臺灣網路資訊中心（TWNIC）的「2023臺灣網路報告」，有個題項：「AI提供資訊比真人來得客觀與精確？」填答統計，其中43.5%傾向「同意」，41.8%傾向「不同意」，兩者在伯仲之間；可看出民眾在比較人工智慧技術與真人資訊提供的真確性上，態度兩極化。對於「ChatGPT等新興科技使用」，悲觀觀望者比率最高，占32.27%，顯示許多民眾對新科技帶來的不確定性存在疑慮。整份問卷凸顯臺灣在推行新興科技使用時，仍會面臨的困境（高嘉和，2023）。

　　2023年9月6日「SEMICON Taiwan 2023國際半導體展」，以「AI人工智慧時代的半導體科技」為題，台積電董事長劉德音在大師論壇專題演講會提到：AI為人類的生活和工作帶來重大改變。接下來十年AI應用於許多實際任務，如臉部辨識、語言翻譯電影和商品推薦，AI進步到另一個層次，能夠「匯整合成知識」。生成式AI，如ChatGPT可以創作詩詞及藝術品、診斷疾病、撰寫報告和電腦代碼，甚至可以設計出與人類打造的積體電路相媲美的網路線路（internet circuits），並成為人類生活的助手（尹慧中，2023）。

　　AI科技崛起成為全球最受矚目的議題。Google臺灣區前董事總經理簡立峰以「生成式AI帶來的機會與挑戰」為題發表演講提及：「我

們都是AI時代世界的新住民，AI浪潮來襲，各行各業甚至國家，都將遭受巨大衝擊。」企管顧問公司麥肯錫內部評估AI是「鍵盤白領的噩夢」，AI將取代三分之一的人力（洪速鍾，2023）。人工智慧的現實與未來的影響，2023年9月15日「二〇二三年臺灣人工智慧年會」林百里於會中提出AI發展的三個步驟，值得校長深思（方韋傑，2023）：

一、共建模型生態，需要產業界共同合作加以達成；二、普及AI平臺，將理論導入實務上的應用層面；三、讓應用遍地開花，在過程中，更同時必須建構負責任的AI生態，重視科技倫理與安全性，全球各國也應針對AI展開治理。

參　人工智慧對學校校長領導與管理的啟示

面對人工智慧新科技的革命到來，衝擊教育體系，影響學校行政、課程、教師教學與學生學習。從過去到現在，隨著科技不斷創新，學校教育也一直跟著在轉變，並未脫隊。AI世代我們應該再回到教育的本質思考，啟發學生的思維能力，畢竟AI仍是科技進化的一種工具。舉個例，學校的校外教學，ChatGPT便可安排行程，價格多少也可擬定好，當AI機器人都可以做到這些事情，那未來職場會需要怎樣的能力？學校應該教什麼？學校的老師會不會教？這其實都是一個大問題。ChatGPT所帶來的每一個機會，裡面都有挑戰，在教育場域，未來數位落差也會愈來愈嚴重（余紀忠文教基金會，2023）。

AI的不斷推陳創新，可預期地會顛覆翻轉學校教育，校長如何透過AI時代的領導，引領同仁進入AI時代的學校新教育，以及透過AI時代的管理，解決AI學校新教育的問題與困難，「怎麼樣的AI校長，會有怎麼樣的AI學校。」校長在初探性的認識、瞭解AI後，接下來就需實踐學校教育變革邁向AI新學校的願景，筆者提出針對學校校長在領導與管理的啟示拙見觀點供集思廣益參考。

一、校長必須具備AI的概念並深度學習（deep learning）AI基本相關科技模型

　　校長是學校的領導者也是管理者，領導是影響組織成員的事，管理是為了解決組織的問題。AI的世代，校長本身如果不瞭解AI，也不會使用AI基本相關科技模型工具，如ChatGPT等，對於AI世紀的學校領導與管理勢必捉襟見肘，無法發揮AI科技領導與管理學校。

　　以AI目前的發展現況，對於AI的緣起與現況，以及AI的火紅工具生成式ChatGPT，校長須用心學習，操作瞭解，並將其運用於領導與管理層面，引領全校教職員工生都能認識AI，並會使用且樂於使用AI相關科技模型。筆者建議校長多閱讀科普的AI書籍，無需直接涉及過於專業的AI書籍，可上網搜尋閱讀AI相關網站、掌握國內外專家學者所發表有關AI的新知、積極參加AI科技研習或工作坊，增能自我的AI素養及其相關科技模型，並反思如何轉化協助領導力與管理力的提升。

二、校長應計畫性地辦理校內教職員工的「AI科技增能證照」教育研習或工作坊

　　十餘年前，臺灣地區學校校長開始接受科技領導的研習工作坊，學習並運用資訊科技，當時筆者任職臺北市高中校長也參與此研習，教育局有計畫性的培訓校長須具備此素養，筆者姑且稱為「科技領導與管理1.0版」時期。隨著AI世代的來臨，AI取代過去資訊科技工具，「科技領導與管理2.0版」時期隨之而起，校長應該仿「科技領導與管理1.0版」時期的校長培訓研習，轉換辦理校內教職員工AI科技增能工作坊，如生成式ChatGPT的瞭解與操作使用，邀請國內AI專家學者蒞校指導、演講，並規劃認證，以增能同仁AI素養，並實施證照分級制，落實培訓教職員工。

三、校長須以戰略性與戰術性的思維規劃學校AI短、中、長程計畫

　　校長針對AI的學校布局，須拉高層次採戰略性與戰術性的思維，規劃AI時代的學校校務發展計畫，如目前學校的環境設施與設備，與

AI的所需設施與設備有相當大的落差，甚至完全空無。俗云：工欲善其事，必先利其器；巧婦難為無米之炊。校長應該逐年編列AI校園所需的經費，增購AI所需的設備，除了軟硬體設備外，AI有關書籍亦應該編入採購，提供同仁AI知識的自我進修。AI的專業設備，校長未必能有足夠學養瞭解需求，應主動向專家學者請益，如透過策略聯盟學校協助人力資源。另，AI校園所需經費龐大，也不同於以往的學校型態，校長更應該與同仁重新討論學校願景，並納入短、中、長期校務發展計畫。

四、校長規劃將AI融入學校的課程與教學

學校的教育主體是學生，課程與教學是學校教育的靈與魂，AI時代的人才孕育，要從學校開始，校長透過課程與教學領導及管理的職責，將AI融入課程與教學，包含校定課程、自主學習等，讓AI教育向下普及扎根。AI世代的來臨，目前國內外都有一致性的共識，面對下個科技風潮，下一代的AI素養，萬萬不可以湊熱鬧的心態敷衍應付，喊喊口號而已，最紮實的教育作法就是透過課程與教學的落實。因此，校長應發揮課程領導與教學領導，如在課發會、教學研究會等相關會議將AI列為主軸，編織校本課程與教師教學及評量的經緯，如學生使用ChatGPT的規範，加強學生提問（prompt）的素養、學習歷程檔案，以及自主學習等，應該引導學生去探索學習的方法與結構，而不是通過跟AI互動，然後就得到漂亮的成果（吳順德，2023）；倫理課程應該與其他課程結合，融入與AI有關的倫理討論，不宜單獨開課，容易導致學生認為只是一門必修科目，而不是AI教育重要的議題。

五、校長透過利用AI管理例行性的行政事務減輕行政人力的負荷

這些年來，學校行政逃難潮，校長聘請教師擔任行政職，往往找不到合適人選，甚至根本找不到有意願的教師兼職。最主要原因是繁雜的行政事務，讓教師惶恐，導致無意願兼職。校長透過AI的管理來為同仁分憂解勞，減輕行政同仁工作辛勞，還可以產生工作的愉快，讓行政逃離潮減緩。換句話說，將步驟重複、無趣的事務且追求效率的無聊

工作交給人工智慧，能夠轉型成創造性工作維生的時代（Kevin Kelly, Kazumoto Ohno, Katsura Hattori, 2023）。學校應從二十世紀人類機械化的時代束縛中解放，重複性只追求效率的試務工作交給AI即可。讓同仁從事有人性的工作，才是AI時代的幸福工作方式。思考把哪些工作交給AI，同仁才能把時間花在更有意義的工作上，這才是運用AI領導與管理的本質。

六、校長透過領導與管理強化教職員工生的道德教育

2006年Geoffrey E. Hinton發表類神經網路論文〈深度信念網路的一種快速學習演算法〉（A fast learning algorithm for deep belief nets），是為深度學習研究的濫觴，翌年後研究論文開始使用「深度學習」（日經Xtrend，2021）。2016年令人瞠目結舌的圍棋大事紀，經過「監督式學習」的AlphaGo擊敗了職業棋士，隨後經過「非監督式學習」的AlphaGo Zero又擊敗AlphaGo。後者的學習會自學，透過演算法，創造出新事物，產生不存在的資料的意義，如「深偽技術」（deepfake）。當紅的生成式AI ChatGPT已經受世人追逐學習，目前全世界學校關注的是學生使用做作業、報告；社會憂慮版權、非法、偽騙等。如臺灣日前某科技公司工程師開發AI搶票程式，替歌迷上各大售票網站搶購演唱會門票。《經濟學人》雜誌，以封面專題談「AI（人工智慧）對選舉的影響」，AI會助長大量的虛假訊息傳播，造成選舉很大的負面效應。2023年2月芝加哥市市長選舉，某候選人被「深偽技術」造假影響以致落敗，AI的誤導就像「曾參殺人，說多成真」。

特斯拉創辦人伊隆·馬斯克認為，因為少子化致使人口總數成長很慢，使得人類創造的智慧量趨向平穩；但是生成式AI，因為會吸收很多的資訊，而產生更大的生成效用，這種電腦的自主發展，呈現指數型的成長。所以，AI的發展，人類如果沒有給予強烈的責任感，強調人的意識不會被毀滅，那麼AI的失控會是安全上的大問題（楊正，2023）。因此，AI新科技必須遵守基本道德，所以校長更須透過領導與管理強化教職員工生的道德教育。

七、校長透過領導與管理倡導終身學習的實踐者

「學而時習之，不亦說乎？」這句話蘊含終身學習的樂趣與重要。在數位時代裡，學習更容易、更便捷，且無止盡。科技發展一日千里，AI科技的快速成長，絕非當下學習的知識所能覆蓋。在未來要有知識，就要懂得如何透過AI學習，如向生成式AI ChatGPT提問問題。此外，因應時代的快速變化，人人都要把握「終身學習」，學會終身學習的習慣和紀律，就不怕跟不上AI，不擔憂被AI搶走工作，因為終身學習能排除障礙與恐懼，自己也會進步。校長走在終身學習的最前端，同仁肯定緊跟在後。AI的時代更需要校長以身表率，做終身學習的身體力行者，才能讓同仁跟隨成為終身學習的後繼者。

八、校長應發揮領導與管理，輔導對AI不安的同仁

對於新科技，一般抱持恐懼與逃避心理的同仁不少。多年的教育改革，總是一批批的學校教職員退休，特別是教師。究其原因，最主要是對新的教育深感恐懼與煩心，而產生不如歸去的消極、反抗，甚至提早退休。校長推動AI又勢在必行，校內同仁對AI一定會產生相當程度的對立與不安的可能反應，校長解決同仁的惶恐與對立是重要職責。

想辦法讓同仁喜歡AI，就容易讓同仁瞭解AI，對推動AI學校的運作就不會產生太大的問題。校長試著同理心接納、承受同仁的各種情感，接納不同的價值觀，然後從不同的立場觀點拋出問題，以哲學素養來對話與討論，不要用知識來對抗知識。亦即，不要以是非來論斷。對於惶恐不安及否定對立的同仁，校長要以「為什麼要運用AI？」的願景領導與管理，引導同仁建立共同價值觀的共識，此時校長要營造出「心理安全感」（Psychological Safety），同仁間彼此信任、互相尊重。

綜上，AI時代校長的領導與管理素養可以繪製成簡易架構圖，如圖3-2。

圖3-2

AI時代校長的領導與管理素養架構

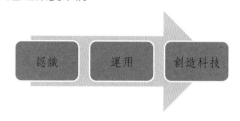

認識　運用　創造科技

註：作者自行整理。

過去科技領導，通常把IT的事務交由學校專責同仁，如系統管理師、資訊組長等，但是AI科技時代，所有工作都會受AI影響。因此，校長必須與AI科技結緣，唯有因緣和合，方能萬事俱足。校長的領導與管理需要的是能與AI用共通的語言對話，校長想藉由AI提升學校行政效率，如果校長不知道AI進化到什麼程度，或是AI可以做什麼，就無法使專業同仁工作，更談不上效能。當校長對AI科技無知，甚至漠不關心，在AI時代甚至可能容易造成學校重大政策偏誤。

肆　結語

在人工智慧時代，任何人都不應該認為AI與自己無關，應循著認識、運用、創造AI的步驟，讓AI融入我們的生活。在AI時代變化的洪流中，校長該如何幸福的領導與管理？前教育部長吳清基表示不要盲目相信AI，畢竟AI不是萬能，分析其可能存在偏見和歧視，最終還是需要人類來判斷。教育體系運用AI的同時，也要保有危機感，認清AI的局限，做好預防措施，畢竟「預防勝於治療」。

人類四種優勢：同時做兩件相反的事；擁有突如其來的直覺；具備思考且做選擇的意志（人類擁有提問能力）；怕麻煩想找出更輕鬆的方法，AI一輩子無法取代（藤野貴教，2018）。AI誕生的目的，是讓人類生活得更像人類。領導與管理工作不能因襲前例，而要採行未來取向。

最後想問的是，本文的題目，如果請ChatGPT作答，不知道會是什麼樣的內容？筆者想試試看與本文的差異為何？或有否相關？

參考文獻

（一）中文部分

人工智慧（2023年8月22日）。載於維基百科。https://zh.wikipedia.org/zh-tw/%E4%BA%BA%E5%B7%A5%E6%99%BA%E8%83%BD

人間福報（2023年5月9日）。清明上河圖AI還原高清照。人間福報，1版。

中國時報社評（2023年2月27日）。抓住中文ChatGPT兩岸合作契機。中國時報，AA2版。

尹慧中（2023年9月7日）。AI晶片短缺！台積電：一年半解決CoWoS產能不足是主因。經濟日報。https://money.udn.com/money/story/5612/7421988

方韋傑（2023年9月16日）。林百里：AI黎明到來 超越摩爾定律。自由時報，A6版。

王正方（2023年5月20日）。人工智能主宰人類？聯合報，A13版。

王玉樹（2023年2月26日）。ChatGPT掀聊天機器人專利熱 台60件大落後。中國時報，A6版。

王嘉源（2023年7月9日）。AI全球峰會 機器人稱 不會背叛人類。中國時報。https://www.chinatimes.com/newspapers/20230709000265-260119?chdtv

余紀忠文教基金會（2023年5月31日）。數位時代的人性與價值ChatGPT的道德與判斷。https://www.yucc.org.tw/info/5198

吳子規（2023年4月23日）。沒有靈魂的AI 何以威脅人類？中國時報，A10版。

吳子規（2023年6月18日）。AI大智慧 不必擔心對人類威脅。中國時報，A10版。

吳順德（2023年9月14日）。學習檔案靠AI 糖衣下藏什麼藥。聯合報，A12版。

呂錫民（2023年4月2日）。AI在文本分析的商機與挑戰。自由時報，https://talk.ltn.com.tw/article/paper/1575393

李念祖（2023年7月14日）。AI與人的憲法對話。中國時報，A10版。

李春（2023年8月4日）。態度轉變 港大學擁抱生成式AI。聯合報，A10版。

李家同（2023年4月10日）。我們要創造不會思考的下一代？聯合報，A10版。

李惠貞（2023）。我為什麼要放棄體驗，把它外包出去。500輯，Issue78「我和AI一起工作？」

李學文（2023年3月29日）。人類在AI時代的價值。中國時報，A10版。

杜雨、張孜銘（2023）。**AI生成時代：從ChatGPT到繪圖、音樂、影片，利用智能創作自我加值、簡化工作，成為未來關鍵人才**。高寶。

辛翠玲（2023年3月30日）。你也ChatGPT了嗎？聯合報，A11版。

周天瑋（2023年7月31日）。美中AI對話的契機。中國時報，A10版。

林又旻、辜子桓（2023年3月12日）。即將改變你我生活？關於聊天機器人ChatGPT你該知道的事。聯合報，P2版。

林建甫（2023年4月4日）。奇點將降臨ChatGPT會搶了誰的工作？中國時報，A10版。

侯勝宗（2023年3月14日）。USR是社會解方，還是高教毒藥？聯合報，A12。

洪速鍾（2023年9月7日）。AI時代來臨　善用科技鞏固競爭力。中國時報，A5版。

茅毅（2023年5月6日）。賀錦麗找科技巨擘　研商AI風險。聯合報，A10版。

徐子苓（2023年2月21日）。臺版美版比一比　都是未完成實驗品。自由時報，A8版。

馬瑞璿（2023年7月3日）。生成式AI應用爆發　虛擬網紅變新寵。聯合報。https://vip.udn.com/vip/story/121938/7270960

高嘉和（2023年9月1日）。AI可信嗎？臺灣民眾看法兩極。自由時報，A6版。

張大仁（2022年12月16日）。AI聊天機器人爆紅　但仍難成氣候。聯合報，A8版。

張芬芬（2023年8月17日）。活用AI讓教學展現新風貌。聯合報，A10版。

張瑞雄（2023）。**AI與科技奇異點**。TechNice科技島。https://www.technice.com.tw/opinion/42103/

許志明（2023年8月3日）。實測AI衝擊：媒體應創造無法取代性。聯合報，A版。

陳力俊（2023年2月13日）。朱雲漢的真知灼見：期許引導AI為善、制止為惡的使命。聯合報，A11版。

陳立恆（2023年4月28日）。AI既來　人文安之。聯合報，A13版。

陳言喬（2023年2月9日）。ChatGPT超能　10種行業捲鋪蓋？聯合報，A11版。

陳怡伸（2023年2月23日）。失控的AI恐將造成人類滅絕。自由時報，14版。

陳信文（2023年3月31日）。ChatGPT將推進大學教育變革。自由時報，A16版。

陳政錄（2023年8月23日）。陸練AI娃娃兵　專家有疑慮。聯合報，A11版。

陳銳（2023年2月16日）。ChatGPT封鎖中國用戶關鍵：愚民。自由時報，A14版。

曾博群（2023年2月25日）。ChatGPT掀起全球AI浪潮。人間福報，A1版。

馮克芸（2023年1月19日）。史丹福中輟生　成AI領域先驅。聯合報，A13版。

馮克芸（2023年2月1日）。不怕AI作弊美高校融入教學。聯合報，B2版。

黃正忠（2023年5月19日）。ESG必須是「投資」不是成本。聯合報，A10版。

楊方儒（2023年6月3日）。電腦展AI領風騷。中國時報，A10版。

楊正（2023年9月15日）。AI亂選情　數位部準備好了嗎？聯合報，A10版。

楊艾俐（2023/05/12）。人類如何與AI共舞。中國時報，10版。

楊芙宜（2023年6月15日）。全球首部　歐洲議會通過AI監管法。自由時報，A6版。

楊國德（2023年4月16日）。聊天機器人對終身學習的啟示。自由時報，A15版。

詹文男（2023年2月23日）。比人智慧的人工智慧。聯合報，A12版。

廖咸浩（2023年5月31日）。AI新時代的語言政策。聯合報，A10版。

趙政岷（2023年3月6日）。AI改寫我們的世界。中國時報，A10版。

劉詠樂（2023年2月16日）。聚焦AI武器　50國參與海牙峰會。中國時報，AA2版。

劉詠樂（2023年9月15）。首屆AI峰會　馬斯克籲設置裁判。中國時報，AA2版。

潘福（2023年3月22日）。ChatGPT與一根思考的蘆葦。聯合報，A10版。

蔡宗翰（2022）。寫給中學生看的AI課：AI生態系需要文理兼具的未來人才。三
　　采。

鄭媁、歐陽良盈、王燕華（2023年9月1日）。政院通過參考指引　公務部門可用生成
　　式AI。聯合報，A10版。

盧宏奇（2017年3月21日）。谷歌技術總監：AI「奇點」將於2045年到來。中國時
　　報。https://www.chinatimes.com/realtimenews/20170321003195-260412?chdtv

盧信昌（2023年3月30日）。AI變革　職場迎接挑戰。聯合報，A11版。

賴祥蔚（2023年4月3日）。ChatGPT與認知作戰。中國時報，A10版。

簡永祥（2023年4月2日）。生成式AI藏風險　訂規範恐兩面刃。聯合報，A7版。

簡國帆（2023年6月1日）。350專家連署警告AI風險　唐鳳在列。聯合報，A10版。

蘇子鈞（2023年3月30日）。爸爸，我能用ChatGPT寫作業嗎？聯合報，A11版。

（二）外文部分

日經Xtrend（2021）。**向AI贏家學習！：日本26家頂尖企業最強「深度學習」活用術，人工智慧創新專案致勝的關鍵思維**（葉韋利譯，初版）。臉譜（原著出版年：2019）。

高橋　透（2019）。**AI世代生存哲學大思考：人人都必須瞭解的「新AI學」**（黃郁婷譯，初版）。聯經（原著出版年：2017）。

藤野貴教（2018）。**愛因斯坦夢想中的5堂AI幸福學：人不會被淘汰，未來的日子只會愈來愈好！**（侯詠馨譯，初版）。大樂文化（原著出版年：2017）。

Amy Webb（2022）。**AI未來賽局：中美競合框架下，科技9巨頭建構的未來**（黃庭敏譯，初版）。八旗文化（原著出版年：2019）。

Christianna Reedy (2017). *Kurzweil Claims That the Singularity Will Happen by 2045.* FUTURISM. https://futurism.com/kurzweil-claims-that-the-singularity-will-happen-by-2045

Eka Roivainen（2023）。測驗AI的IQ（周坤毅譯）。科學人，**259**。

Henry A Kissinger, Eric Schmidt, Daniel Huttenlocher (2021). *The Age of AI: And Our Human Future.* Little, Brown.

Immanuel Kant（2020）。**純粹理性批判**（鄧曉芒譯，第二版）。聯經（原著出版年：1781）。

Jerome Glenn（2022）。**2040世界未來報告書：太空淘金、人機共生、移動革命、能源戰爭、ESG策略**，疫後時代如何抓住正在崛起的工作與商機？（金學民譯，初版）。高寶（原著出版年：2021）。

Kevin Kelly, Kazumoto Ohno, Katsura Hattori（2023）。**5000天後的世界：繼網際網路、iPhone、社群網站之後，全球科技趨勢大師KK的未來預測**（黃品玟譯，初版）。貓頭鷹（原著出版年：2021）。

OpenAI（2023年8月6日）。載於維基百科。https://zh.wikipedia.org/zh-tw/OpenAI

問題與討論

一、AI時代的校長領導與管理有何特色？您是校長會如何營造AI校園？

二、針對AI衍生的可能倫理道德問題，如何透過領導與管理做好教育預防？

三、如何利用AI生成式科技產品，如ChatGPT管理學校行政一般例行事務工作？

四、如何透過課程領導與教學領導，讓AI生成式科技產品提升校本課程的品質、教師教學的效能，以及學生的學習成效？

第四章

虛擬社區社群的議題文本探勘對大學實踐社會責任之啟示

林子超、陳盈宏

壹 前言

2015年9月，聯合國公布「翻轉我們的世界：2030永續發展方針」（Transforming our World: The 2030 Agenda for Sustainable Development），揭櫫全世界應在2030年達成的十七項永續發展目標，大學永續發展的社會責任，則因聯合國2015年發布永續目標（SDGs）而更為人所重視，因為只有優質教育（quality education）的大學，才能有永續發展的未來（吳清基，2023）。觀之我國為了促進永續發展目標之實踐，行政院國家永續發展委員會於2019年公布「臺灣永續發展目標」，並將社區視為永續發展之基石，鼓勵建立社區意識、提高民眾參與公共事務和推動社區營造（行政院國家永續發展委員會，2019）。另外，2018年正式推動的「大學社會責任實踐計畫」亦成為我國目前高等教育階段的重要政策之一，且從第二期「大學社會責任實踐計畫」（2020年至2022年）開始，教育部更鼓勵各大學將社會責任實踐的理念融入校務治理架構，並接軌聯合國永續發展目標，除期待各大學能持續連結在地需求，並能進行跨校合作及國際交流；到了第三期「大學社會責任實踐計畫」（2023年至2024年），其仍將持續鼓勵各大學落實大學社會責任，並深化SDGs議題及強調社會責任的理念融入校務治理，以協助在地永續發展與促進社會創新（教育部大學社會責任推動中心，2022）。

從大學實踐社會責任的實務觀點，大學必須先瞭解社區在地的實際需求及關注議題，再進行後續的協力治理行動。過去大學在瞭解社區在地聲音時，往往會透過長期投入在地工作的非營利組織進行相關瞭解，然而，也容易產生若干限制，例如：大學無法真正瞭解在地議題的多元聲音。另外，隨著網路資訊科技的急速發展及社會環境變化對生活型態的影響（如新冠肺炎疫情），「虛擬社區社群」逐漸成為社區民眾對於在地議題的主要對話管道（如圖4-1）。

圖4-1
臺北市士林區及北投區之虛擬社區社群的討論文章數趨勢

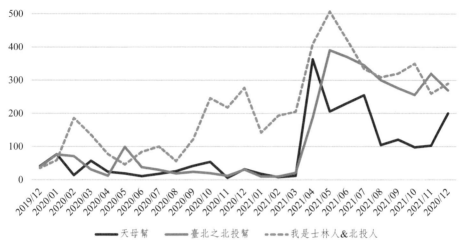

資料來源：本文自行統計。

　　由於本文作者群皆服務於中國文化大學，也長期投入中國文化大學的大學社會責任實踐計畫之相關推動[1]，而陽明山南磺溪流域（臺北市士林區及北投區）是中國文化大學主要的社會實踐場域，故本文立意選擇臺北市士林區與北投區成員數超過5萬人以上的虛擬社區社群為分析個案，包括：臺北之北投幫、我是士林人&北投人、天母幫，並以文本探勘與語料庫分析（Text mining & Corpus analysis）及視覺化描述（Narrative visualization）分析，歸納與呈現虛擬社區社群成員關注的在地議題[2]，並據此說明虛擬社區社群的議題文本探勘對大學實踐社會責任之啟示。

---

[1] 在教育部2023年至2024年的第三期大學社會責任實踐計畫，中國文化大學共獲得一項深耕型計畫（共創光明頂：陽明山社區創生新願景）及一項萌芽型計畫（北海岸社區韌性：在地永續知識與經濟創生）。

[2] 網路文本蒐集的時間範圍為2020年1月至2021年12月。

貳 虛擬社區社群之概念與類型

隨著後工業和資訊時代的來到，網際網路資訊的快速普及，社區民眾開始可藉由網站、論壇、通訊軟體等數位方式，擴大成員參與性並打破空間距離，使得「虛擬社區」與「真實社區」之間的邊界模糊化，而「虛擬社區」可補足「真實社區」的成員接觸性不足與訊息遲遞性（Kalluri et al., 2021）；而我國的虛擬社區社群主要有兩種類型，第一，係以原生現實社區為標的；第二，係以社區議題為核心。以下分項說明：

一、以原生現實社區為標的之虛擬社區社群

以原生現實社區為標的之虛擬社區社群，係將真實社區中的成員通過網際網路連線，在特定平臺組建起與真實社區里民中心、廟宇場所、鄰里辦公室功能相同，具有資訊交換、議題討論、共識凝聚的數位交換中心。其成員性質與真實社區具有重疊性，臺灣在過去1990-2000年之間網路爆發時期曾大量出現相關BBS網站，其中以1989年龍潭宏碁渴望園區作為這一系列數位虛擬社區開端；宏碁渴望園區，以宏碁企業為中心在龍潭進行造鎮計畫，期望打造以數位化為中心的新型態生活聚落，其中一項即提出以數位資訊科技讓居民可以互相交流，創立虛實合一的社區整體營造。然而，這種概念在1990-2000年期間礙於相關網路基礎建設不足，以及資訊使用人口普及率不若今日，這些虛擬社區都主要集中在城市地區並以BBS上的地區版為主，僅少數鄉村地區成立社區網站，如：阿蓮社區、茄苳社區、復興社區等，但這些網站也多早已關閉（瞿海源，1998）。

於2006年前後，Facebook於臺灣開始流行，主打社交為主題的網站打破過去傳統社區網站參與度不高的問題，再搭配介面流暢性和智慧手機普及，使社區討論逐漸轉移此社交網站社團，加速傳統社區網站的衰落，例如：我是南港人、嘉義綠豆仁、我是中壢人等。過去，鄉村網路基礎建設不足導致的資訊運用的門檻，藉由高速行動網路而打破；而資訊使用人口，則是隨著戰後嬰兒潮人口步入老齡化，接受資訊用

品的程度大幅提高，也就間接打破銀髮族對資訊普及的障礙。[3]這些因素，都使過去無法實現的虛擬社區，在軟硬體的配合之下得到發展的機遇，大量虛擬社區在社交網絡當中以社團的方式呈現。

二、以社區議題為核心之虛擬社區社群

以社區議題為核心之虛擬社區社群，其多具有共同的主題或關注議題，例如：針對畜牧議題、養殖漁業議題、鄉土文化保育等議題，這類虛擬社區在地緣意識上較為薄弱，主要是藉由數位空間進行資訊交換和討論，例如：雲林縣淺海養殖協會、旗山區農會等。然而，這種虛擬社區多半係由特定協會支持與運作，雖成員具有高度動機性，但也會限制其成員發展的開放性。

綜觀上述兩者，數位社群社區成為當今虛擬社區的代表，隨著當代社會與資訊的連結愈深，這類虛擬社區在可見的軌跡中將更加蓬勃發展。從永續發展的觀點分析，虛擬社區可降低溝通所消耗的碳足跡，並彌補真實社區日漸衰弱的人際關係功能，讓社區以數位化形式注入對地方發展的關注，結合具有共同價值觀、對地方具有我群觀念之人，發揮群眾力量讓更多成員理解永續發展所追求的理念與願景。

參 陽明山北麓區域虛擬社區社群的議題文本探勘

本文以陽明山北麓區域的虛擬社區社群為分析個案，本文挑選成員數超過5萬人以上，且具有代表性之虛擬社區社群，篩選後符合條件的有「臺北之北投幫」（2007年3月成立，成員共109,536人）、「我是士林人&北投人」（2017年4月成立，成員共65,651）、「Gangs of Tian

---

[3] 依據年齡、世代和數位發展史分析，戰後嬰兒潮的1945年是個關鍵點，1945年之前的人口在電腦盛行之時可能已位居社會高階並無學習之必要或已經離開職場；而在1945年之後出生的則搭上數位世代的先驅者角色（因1995年Windows 95作業系統盛行時這些人仍在工作崗位），他們已經具備基礎數位技能。

Mu天母幫」（2006年10月，成員共55,495人）等三者。本文通過虛擬社區社群中的「高頻詞彙」變化及「搭配詞」建構「詞彙網絡圖」，以視覺化描述（Narrative visualization）量化分析2020年1月至2021年12月期間各虛擬社區社群成員所關注之議題。以下先說明相關檢定方法，再分析相關實證結果。

一、「高頻詞彙」標準化分析與「搭配詞」檢定

本文觀測時間為：2020年1月1日至2021年12月31日，共計16萬4,534字元。這些字元所構成的詞彙中，必然出現無意義或同義詞，這些詞彙須予以排除或整合。例如：的、在、與、請問、我們等，這些無意義詞彙將編入「停用詞」；另一方面，如：風景或景色、派出所或警察局等，這些詞彙意思相近，則編入「同義詞」。經過上述處理，本文共取得11萬3,038個詞彙。

(一)「高頻詞彙」標準化與分析

基於取得的詞彙，本文將篩選前述三社群中出現次數「前15多次」的詞彙，定義為「高頻詞彙」。然而，不同社群中詞彙總量不一樣，將會影響字詞出現頻率。故，需經過標準化檢驗後才可跨社群比較之。

本文採取「頻率規格化」（Normalization）進行處理和分析，規格化的公式如下所示（Biber et al., 1998）：

$$N = \left(\frac{\alpha}{\Sigma \alpha + \beta + \cdots + \infty} \right) \times 10000$$

N代表規格化後的詞頻；α代表所選擇的詞彙；$\Sigma \alpha + \beta + \cdots + \infty$表示語料庫所有詞彙總量；10000表示為基準數值，每一萬次出現頻率（Biber et al., 1998; Kennedy, 2014）。

舉例說明如下：

1. 「臺北之北投幫」虛擬社區社群之「北投」詞彙出現10次，語料庫總量為10000字；「我是士林人&北投人」虛擬社區社群之「北投」詞彙有20次，語料庫總量為25000。

2. 經計算「臺北之北投幫」之「北投」詞彙標準化後數值為10次；「我是士林人&北投人」之「北投」詞彙標準化後數值為8次，故「臺北之北投幫」社群出現次數較「我是士林人&北投人」社群次數多。

3. 由此可證，原始次數雖「我是士林人&北投人」社群較多，但考慮語料庫大小之後，則結果不同。因此，詞彙的頻率，須經由規格化後才可比較之，如表4-1所呈現。

表4-1
虛擬社區社群高頻詞彙表

天母幫		臺北之北投幫		我是士林人&北投人	
高頻詞彙	詞頻	高頻詞彙	詞頻	高頻詞彙	詞頻
天母	61.3	北投	61.1	士林	52.5
謝謝	34.5	謝謝	44.7	謝謝	35.6
美食	27.8	幫忙	18.4	美食	32.6
時間	21.6	小孩	15.6	店家	27.8
教育	21.4	教育	13.6	防疫	22.1
贈送	20.2	推薦	12.6	老闆	19.1
小孩	19.6	寵物	12.4	推薦	18.2
店家	18.9	防疫	12.1	小孩	15.2
萬聖節	15.3	關渡	11.4	幫忙	13.5
天母幫	14.3	美食	10.9	外送	12.6
活動	13.9	環境	10.3	北投	10.4
找尋	13.9	捷運	9.8	捷運	10.4
寵物	13.1	活動	9.3	社子島	10.0
環境	12.9	花海	9.3	環境	7.4
監視器	9.1	監視器	7.6	監視器	6.9

說明：

1. 從語料庫選取前十五名高頻詞彙，作為研究觀察對象。

2. 詞頻已進行標準化計算，單位為每1萬次出現頻率。

3. 「天母幫」語料庫總詞彙量50383字元；「臺北之北投幫」語料庫總詞彙量39628字元；「我是士林人&北投人」語料庫總詞彙量23027字元。

　　從表4-1結果可發現，地域詞彙如：天母、北投、士林等三詞，皆成為各社團頻率最高的詞彙，由此可知，這些社區社團具有相當的地域性關聯，符合本文研究以地方社區為對象之目的。其次，「謝謝」一詞皆成為三個社團同樣第二高的詞彙，從文本脈絡分析中發現多半為感謝社群內部成員對其提問的建議、留言或幫助，顯示出這三個社群都具備互助性和內聚性。而在第三高頻率的單字方面，則「臺北之北投幫」與其他兩者有所不同，「天母幫」和「我是士林人&北投人」的第三高頻率詞彙為「美食」，「臺北之北投幫」則為「幫忙」。在第四高頻率詞彙，則三個社群各有不同的關注點，「天母幫」關注「時間」；「臺北之北投幫」關注「小孩」；「我是士林人&北投人」則是關注「店家」。第五高頻率詞彙，則「天母幫」與「臺北之北投幫」同樣關注「教育」；「我是士林人&北投人」則關注「防疫」。

　　上面的前五大高頻率詞彙排序，我們可以初步認識這些社團具有地域性，且討論議題聚焦於日常生活飲食、教育和社區成員之間的互相協助。然而，這些資訊還不足以清晰探討社群討論議題內容，為了更進一步瞭解，高頻詞彙背後所連結的議題網絡，必須進一步挖掘這些其所共文或共語的「搭配詞」，以此分析背後關注的脈絡及內容。

　　(二)「搭配詞」檢定T-score

　　「搭配詞」係指與「主詞」相呼應出現的字詞，而「搭配詞」檢定則是通過統計方式揭示，「主詞」與「搭配詞」之間是否存在聯繫性。「主詞」表示為受測詞彙，也就是觀察的節點。「搭配詞」就是依附於節點，所衍生的旁支。本文所篩選之主詞，為每個社群中的「高頻詞彙」，也就是前十多次出現的字詞。而在「搭配詞」檢定時，「主詞」與「搭配詞」的距離也就是「跨距」，必須先確立，一般來說英文文本的跨距設定多為3-5單字，而中文則約5-7個單字（闕河嘉、陳光華，2016）。

　　跨距確立，則須選擇適宜的統計工具作為檢測，當前「搭配詞」檢定主要有Z-score、T-score（Gephart Jr., 1993）。Z-score和T-score都在揭示「主詞」與「搭配詞」的搭配效果，也就是說兩者之間是否達到統計上的顯著性，若呈現顯著則反映兩個詞彙之間「共現性」符合統計學上的顯著性[4]。本文將採用T-score作為顯著性鑑定標準，以下將詳述T-score之計算方式（喬豔梅、楊進才、劉應亮，2017）。

$$T = \frac{|F(o) - F(e)|}{DS} \tag{1}$$

$$F(e) = \frac{f(\gamma)}{W} \times f(x) \times 2s \tag{2}$$

$$SD = \sqrt{\left[\frac{f(\gamma)}{W} \times \left(1 - \frac{f(\gamma)}{W}\right) \times f(x) \times 2s\right]} \tag{3}$$

　　$F(o)$表示主詞與搭配詞共現次數；$F(e)$表示主詞與搭配詞共現的期望值；$f(x)$表示主詞於語料庫出現次數；$f(\gamma)$表示搭配詞於語料庫出現的次數；W表示語料庫的詞彙量；S表示跨距；SD表示為標準值。當$|T| > 1.96$，則p-vaule < 0.05；$|T| > 2.58$，則p-vaule < 0.01；$|T| > 3.29$，則p-vaule < 0.001（Ruxton, 2006）。當T-score達到顯著，代表兩個詞彙之間共現性效果達到統計上要求。本文將採用T-score為顯著性檢驗標準，並揀選與「高頻詞彙」互相搭配且符合顯著性的十個「搭配詞」作為分析對象，如未達十個則其餘不計之。相關「高頻詞彙」與「搭配詞」之檢定結果，礙於版面將於本章末以附錄方式呈現，「高頻詞彙」與「搭配詞」的呈現搭配性將以視覺化描述（Narrative visualization）方式，以網絡分析呈現。

---

[4] 共現性：表示「主詞」與「搭配詞」兩者共同出現於統計所規範之「跨距」內。

二、社群社區議題網絡分析

結合前述「高頻詞彙」與「搭配詞」檢定結果，本段將以視覺化描述（Narrative visualization）方式，將所得到的文字探勘數據，轉化為網絡視覺分析方式，通過建立詞彙網絡可呈現出「面」的分析，有別於單純分析高頻詞與搭配詞的「點」分析，詞彙網絡可以找出議題的連接性，呈現出議題之間的共現性。以此說明各社區社團內所關注的議題，彼此之間的差異又在何處。

(一)「Gangs of Tian Mu天母幫」議題網絡分析

從詞彙議題關係網絡圖（圖4-2）可以發現，字體愈大的節點代表該詞彙的連出度（Degree）愈高，也就是詞彙與之連結愈多，反之則愈少。另外，網絡圖統計（表4-2）的仲介中心性（Betweenness Centrality），代表詞彙間的聯繫程度，數值愈高代表該詞彙愈容易成為其他詞彙的「橋梁」，也就是說成為兩個詞彙間的連接詞，在意義上仲介中心性數值高的詞彙，容易成為構句中含括的意涵或議題，也可視為「討論對象」。

表4-2

「Gangs of Tian Mu天母幫」的詞彙關係網絡圖統計

詞彙	連出度 （Degree）	詞彙	仲介中心性 （Betweenness Centrality）
天母	11	萬聖節	99
活動	10	天母	93
美食	10	環境	23
萬聖節	9	美食	14
教育	8	小孩	7

資料來源：作者自行整理。

圖4-2
「Gangs of Tian Mu天母幫」議題關係網絡圖

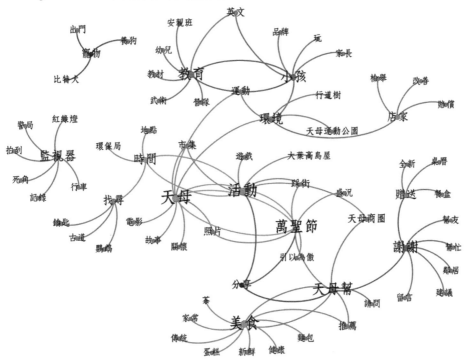

資料來源：作者自行整理。

　　從表4-2之連出度分析發現，在「Gangs of Tian Mu天母幫」之中地域性詞彙「天母」成為連出度最高的詞彙，且仲介性也居於第二名，這也再次代表此社區社團討論核心議題都圍繞在天母地區。且「天母」與「萬聖節」（*p-vaule* <0.001）、「活動」（*p-vaule* <0.01）、「教育」（*p-vaule* <0.01）等詞都有顯著性的連結，從原始文本的分析中可以發現，社群內的民眾對於社區「萬聖節」活動具有極高的認同性，這也使得「萬聖節」詞彙成為仲介中心性（Betweenness Centrality）。各種有關活動的討論都離不開「萬聖節」，且從「萬聖節」的搭配詞中出現「引以為傲」的成語，一般在文字探勘中鮮少出現成語作為具有顯著性的搭配詞，這表示在文本中「引以為傲」頻繁與「萬聖節」一同共文，顯見社群中的成員將「萬聖節」活動視為凝聚社區向心力的事

件。

而「活動」和「美食」成為連出度第二高，也代表社群討論的話題多半不出其兩相關詞彙。「活動」一詞與「萬聖節」一詞的搭配前述已說明，但我們可以發現「活動」與「市集」和「大葉高島屋」也具有多重連結。回歸文本分析後發現，在天母地區商業百貨中雖有新光三越，也有SOGO百貨，但天母社區的民眾仍偏愛「大葉高島屋」，其所舉辦的活動討論度較高、參與度也高，貼文照片中「大葉高島屋」的活動照片分享也多。同時，這也反應在銷售額統計上，資料顯示大葉高島屋是天母地區三間百貨的龍頭（天下雜誌，2021）。由此可見，本文所分析的網絡關係圖的討論量和銷售額具有相關性。而在「市集」的討論方面，雖不若「萬聖節」的踴躍，但天母「市集」也成為天母地區的活動代表特色之一。

而「美食」則可發現，成員對於「美食」的搭配詞顯著聚焦於「健康」、「新鮮」、「麵包」、「蛋糕」和「家常」、「傳統」。其中「健康」、「新鮮」這些可以理解為在地居民在選擇食物上偏向在地生產或無毒食品，並且對於點心類「麵包」和「蛋糕」的討論度較高。但其中「家常」和「傳統」，則是顛覆刻板印象中對天母的想像。天母地區是外籍人士和僑民較多的區域，且成員多數具有國外生活經驗的社區，在飲食上刻板想像中應偏向西式。然而，社區成員卻多半討論「家常」和「傳統」，且進一步文本分析發現，偏重在江浙菜系和臺菜。可見社團成員可推敲為主餐喜好中式餐點，點心則是偏向西式餐點。

另一個關鍵的高連出度的詞彙為「教育」，同時搭配仲介中心性也高的「小孩」。從網絡圖發現，社區成員特別關注幼童或未成年小孩教育，其中「英文」學習和「運動」尤為重視，且對於跟「小孩」相關的「環境」議題也是關心的核心。對於「環境」議題主要聚焦在天母的行道樹問題和運動公園的運動空間討論，且從文本發現臺北市通過參與式預算建設的天母夢想親子樂園，確實成為社區在環境和運動議題上討論的核心項目，獲得社區成員的廣泛討論。

最後兩個雖未是高連出度詞彙，但在網絡圖上卻呈現有趣的地方特

色的詞彙為「店家」和「找尋」。此外，在「店家」方面搭配詞顯著聚焦於「檢舉」（*p-vaule* <0.01）、「賠償」（*p-vaule* <0.05）和「改善」（*p-vaule* <0.05），從文本分析方面顯示出社區成員在社群中對於店家的分享，多數集中在對於店家的指正，要求商店應提高對客戶的服務要求，也可以說明社群成員對於店家具有高標準性要求。相比後續討論的「我是士林人&北投人」社區社團中，對於「店家」的搭配詞是「時間」和「地址」的中性詞彙，「Gangs of Tian Mu天母幫」呈現出明顯差異。從「找尋」詞彙的搭配詞發現，社群中民眾時常遺失鑰匙，且遺落地點多半集中在天母古道附近，或許這可作為未來社區建設時搭配相關警示標語設置提醒民眾。

(二)「臺北之北投幫」議題網絡分析

於「臺北之北投幫」（表4-3）中也呈現出與「Gangs of Tian Mu天母幫」同樣地域性高連出度的詞彙，但不同於「Gangs of Tian Mu天母幫」只出現單一天母，在「臺北之北投幫」之中「北投」和「關渡」同時成為社群中重要的討論地域（圖4-3）。由此點可以推斷，「臺北之北投幫」討論的地域性會比「Gangs of Tian Mu天母幫」更加廣闊，內容方面也可能較之離散，但這並不會妨礙通過統計檢定來判斷之間的共現性，藉此分析社區社群討論的議題範疇。

表4-3
「臺北之北投幫」關係網絡圖統計

詞彙	連出度 （Degree）	詞彙	仲介中心性 （Betweenness Centrality）
北投	14	北投	84.5
環境	11	環境	57
教育	8	關渡	26
關渡	8	花海	18
花海	6	防疫	15

資料來源：作者自行整理。

圖4-3

「臺北之北投幫」議題關係網絡圖

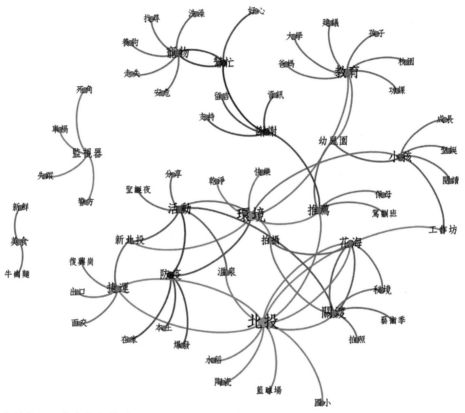

資料來源：作者自行整理。

　　第二高連出度的詞彙為「環境」，同時「環境」也是高仲介中心性詞彙，這顯示社區社群對於環境具有高度的關注性。從「環境」的搭配詞可以發現，社區成員主要聚焦在對於「關渡」和「新北投」的環境議題上，討論這兩地區有關「活動」環境、「小孩」環境和「防疫」環境三項子議題。於活動環境中主要討論為北投吉慶社區的聖誕巷和北投福興里的聖誕公園，針對這兩項活動多數民眾給予正面評論，並認可為北投的地方文化特色。「小孩」環境方面則聚焦在閱讀環境培養和社區成長環境的友善性，相對「Gangs of Tian Mu天母幫」對於小孩著重在英

語培養和運動環境有所不同；「防疫」環境這一點也是北投社群的一大重心，針對「防疫」詞彙連出度高，表示社區對於疫情管理具有相當的關注性。

「教育」則是占連出度第三高的排名，可見教育話題無論在北投或天母都是社區成員關注的重心，但與天母相比，北投成員對於教育方面不若天母偏重在未成年教育問題，北投的成員對於教育的關心同時也聚焦在大學課業和校園環境之上，兩者之間在同中卻存異。

此外，「花海」、「關渡」和「北投」三者詞彙成為仲介中心性高、連出度高，且三者交集的詞彙。從文本分析中發現，成員集中討論「北投三層崎花海」和「關渡祕境花海」這兩項活動，北投的花海更被稱為「臺北富良野」，關渡花海也被美稱為城市祕境。這些活動都吸引大量攝影愛好者前往，社區成員們也紛紛在社群中貼出各種照片與大家分享。反之，北投的傳統「溫泉活動季」在討論中的聲量不高，且從網絡圖的統計分析上雖有溫泉兩字，但連出度和仲介中心性都不足，顯見「溫泉」與其他的在地議題的合作性或連結性仍有待加強。

其他在「美食」和「寵物」方面，也是與前述天母社群社區有所差異，北投方面對於「美食」僅聚焦於「新鮮」和「牛肉麵」，然北投社區中的餐廳名店和特色小吃仍不少，甚至還有北投酒家菜作為地方特色，然這些都並未在社群中呈現。這反映出兩種可能性：第一，北投的特色美食或小吃並未善用網際網路的資訊行銷，這部分未來在進行地方創生時仍有補足的空間；第二，在地民眾對於「牛肉麵」情有獨鍾，或許在未來進行地方行銷時可關注以「牛肉麵」為主題的地方特色活動。

(三)「我是士林人＆北投人」議題網絡分析

「我是士林人＆北投人」社區社群有別於前述兩者，在連出度最高的詞彙方面為「防疫」，顯示出社區對於疫情問題相當關注。此外，地域性詞彙則是聚焦在「士林」，顯見本社群雖名稱為士林和北投，但成員主要仍以關注士林議題為中心，而且對於「社子島」的議題具有高度關注性。關係網絡圖中顯示（圖4-4），社區社群的議題較為離散，主題性相比前述兩者較為分散。以下將挑出幾個高連出度的詞彙進行討論（表4-4）。

表4-4

「我是士林人&北投人」關係網絡圖統計

詞彙	連出度 （Degree）	詞彙	仲介中心性 （Betweenness Centrality）
防疫	10	士林	88
士林	9	捷運	51
推薦	9	防疫	44
社子島	6	美食	32
小孩	6	社子島	5

資料來源：作者自行整理。

圖4-4

「我是士林人&北投人」議題關係網絡圖

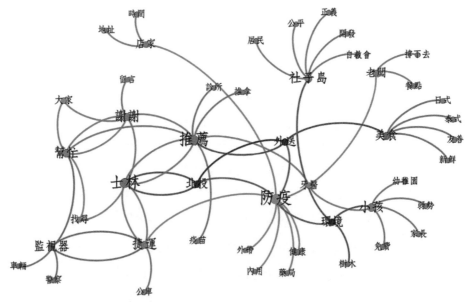

資料來源：作者自行整理。

　　從「推薦」詞彙的搭配詞中發現，社群成員對於健康問題較為關注，成員主要都在徵詢「診所」推薦、「推拿」推薦和「疫苗」推薦，這與「防疫」成為本社群的高連出度詞彙兩者相符，這可能代表本

社群的成員普遍年紀較高齡，因此關注健康議題。而「美食」方面，則是呈現多元化的搭配性，從日式、泰式、友善到新鮮都是關注點，這也反映出士林的飲食多元文化性。

　　然而，在「小孩」方面的搭配詞彙與前兩者有不同的搭配詞，在天母或北投方面不是關注英語發展就是關心閱讀環境培養，但在本社群中搭配詞卻是「弱勢」、「免費」和「幼稚園」，這顯示此地區在對於弱勢家庭照顧方面仍有努力空間，必須多加關注社區幼童問題。

　　同樣有弱勢問題的是「社子島」議題，與其搭配的詞彙為「公平」、「正義」、「自救會」和「開發」，從文本分析上發現，社子島議題聚焦在長年限建之下的房屋安全性問題，以及市府開發計畫與地方民眾之間的想法差異性，而社群社區成為關注社子島議題成員爭取認同的場域。同樣的，從網絡中更發現「社子島」與「樹木」有連結性，更從文本中的文句中發現，當地居民就社子島開發案對於環境自然保存的衝擊，存在與政府開發有不同想法，認為社子島應保持低度開發以維持環境自然生態性。

肆　虛擬社區社群的議題文本探勘對大學實踐社會責任之啟示

　　本文針對陽明山南磺溪流域的「我是士林人&北投人」、「臺北之北投幫」和「Gangs of Tian Mu天母幫」等虛擬社區社群進行議題文本探勘，本文發現，透過虛擬社區社群的議題文本探勘，的確可以較為快速掌握一個地方所關注的在地議題及生活類型，也可以提供以陽明山南磺溪流域為社會實踐場域的大專校院相關行動指引。以「Gangs of Tian Mu天母幫」為例，其所關注的在地議題主要聚焦在「萬聖節—引以為傲」及「教育—幼兒—營隊」，若轉化為以陽明山南磺溪流域為社會實踐場域的大專校院行動指引，包括：

(一)「萬聖節」為天母在地民眾關注及有認同感的慶典儀式，所以，「萬聖節」可作為大專校院與在地社區共同協力推動相關社會實踐行動的平臺，例如：在「萬聖節」前後，以「永續發展」為主題，結合大學師生及在地民眾的專業與創意，合力辦理陽明山南磺溪流域公共藝術季，可以引發更多天母在地民眾

的關注與參與。

(二)「教育－幼兒－營隊」為天母在地民眾關注及迫切之需求，所以，大專校院與在地社區可以「南磺溪生態教育」為主題，串聯南磺溪周遭學校組成南磺溪流域學校聯盟，並透過校本課程設計、走讀教育、夏日樂學營隊等方式，除了回應天母在地民眾需求，也可培育莘莘學子們的在地永續素養，例如：位於北投區的明德國小與在地環境教育團隊「磺溪生活流域」，建構「南磺溪學」課程，透過期末酷幣闖關活動，深化學生對於南磺溪的相關瞭解。

(三)可針對天母在地民眾尚未普遍認知的永續議題進行倡議與行動，例如：雖然根據議題文本探勘結果沒有發現對於永續能源的探討，但能源議題是全世界皆關注的永續課題，所以，大專校院可以引入「公民電廠」、「微水力發電」、「綠建築」等議題，與在地相關行動者進行討論交流。

　　總之，根據大學實踐社會責任的實務觀點，大學確實需要深入瞭解社區在地的實際需求及關注議題，以進行有效的協力治理行動。過去，大學常透過與長期投入在地工作的非營利組織合作，以獲得相關訊息。然而，這樣的作法可能使大學難以真正瞭解在地議題的多元聲音。隨著網路資訊科技的快速發展和社會環境的變化，「虛擬社區社群」逐漸成為社區民眾主要對話管道，影響了生活型態。因此，大學應意識到這一趨勢，積極融入虛擬社群，以深入瞭解社區居民的需求和關切。透過參與虛擬社區社群，大學能更迅速地接收並回應社區民眾的意見與訴求，進而擬定更符合多元聲音的協力治理策略。此外，大學應建立開放性的溝通機制，與虛擬社群緊密互動，透過線上討論、問卷調查等方式蒐集意見，持續改進社區合作計畫。總之，大學應採取多元方式來瞭解社區在地聲音，除了與非營利組織合作外，更應主動融入虛擬社區社群，以確保對於社區需求的深入洞察，並有效落實實踐社會責任的行動。

參考文獻

（一）中文部分

天下雜誌（2021）百貨業就地取「財」。2023年7月28日取自https://www.cw.com.tw/article/5105984。

行政院國家永續發展委員會（2019）。**臺灣永續發展目標**。2023年8月2日取自https://ncsd.ndc.gov.tw/

吳清基（2023）。大學自主治理的永續發展策略。載於吳清基（主編），**教育政策與永續發展**（頁1-20）。五南文化出版社。

教育部大學社會責任推動中心（2022）。**教育部推動第三期（112-113年）大學社會責任實踐計畫申請說明會**。2023年8月2日取自https://usr.moe.gov.tw/announce?id=25550

喬豔梅、楊進才、劉應亮（2017）。一個基於詞語搭配的英文文本檢索軟體的實現。**電腦應用與軟體，34**(10)，85-90。

瞿海源（1998）。資訊網路與社區。**科學月刊，29**(7)，568-573。

闕河嘉、陳光華（2016）。庫博中文獨立語料庫分析工具之開發與應用。載於項潔、翁稷安、鄭文惠（主編），**數位人文——在過去、現在和未來之間**（頁286-313）。國立臺灣大學出版中心。

（二）外文部分

Biber, D., Conrad, S., & Reppen, R. (1998). *Corpus linguistics: Investigating language structure and use*. Cambridge University Press.

Gephart Jr., Robert P. (1993). The textual approach: Risk and blame in disaster sensemaking. *Academy of Management Journal, 36*(6), 1465-1514.

Kalluri, B., Chronopoulos, C., & Kozine, I. (2021). The concept of smartness in cyber–physical systems and connection to urban environment. *Annual Reviews in Control, 51*, 1-22.

Kennedy, G. (2014). *An introduction to corpus linguistics*. Routledge.

Ruxton, G. D. (2006). The unequal variance *t*-test is an underused alternative to Student's *t*-test and the Mann-Whitney *U test*. *Behavioral Ecology, 17*(4), 688-690.

問題與討論

一、何謂大學社會責任實踐計畫?

二、何謂聯合國永續發展目標?

三、何謂虛擬社區社群?其對大學實踐社會責任有何啟示?

附錄一　「天母幫」社群社區之搭配詞檢定

高頻詞	搭配詞	T-score	搭配詞	T-score
天母	萬聖節	7.616076***	照片	2.668929**
	電影	4.175517***	活動	2.424725*
	地區	4.077657***	關懷	2.314544*
	環境	3.93804***	市集	2.312591*
	運動	3.270498**	故事	2.283052*
謝謝	贈送	3.614612***	建議	1.970583*
	天母幫	3.541753***	鄰居	1.970583*
	幫友	3.337466***		
	幫忙	3.055501**		
	留言	2.850919**		
美食	天母幫	3.320115***	麵包	1.962049*
	蛋糕	2.617078**	茶	1.999058*
	推薦	2.202553*	新鮮	1.97066*
	傳統	2.050988*	健康	1.980082*
	家常	1.991025*		
時間	地點	4.653368***		
	活動	3.59622***		
	找尋	2.111942*		
	環保局	1.981642*		
教育	小孩	3.215593**	幼兒	1.981022*
	英文	3.006901**	武術	1.978408*
	安親班	2.18536*		
	教材	2.002204*		
	營隊	1.997715*		

高頻詞	搭配詞	T-score	搭配詞	T-score
贈送	全新	3.213734**		
	桌曆	2.663315**		
	餐盒	2.557495*		
小孩	教育	3.250509**	英文	1.980658*
	家長	2.20469*		
	玩	2.07219*		
	環境	1.997327*		
	品牌	1.990152*		
店家	改善	2.852147**		
	環境	1.99588*		
	檢舉	1.98176*		
	賠償	1.9794*		
萬聖節	天母	7.625471***	盛況	1.98176*
	分享	3.34191***		
	踩街	2.5738*		
	照片	2.388784*		
	引以為傲	1.986403*		
天母幫	分享	3.535854***	萬聖節	1.993221*
	天母商圈	3.460697***		
	美食	3.317016***		
	請問	2.794423**		
	推薦	2.274467*		
活動	時間	3.582734***	遊戲	2.109711*
	天母商圈	2.811638**	市集	1.997257*
	大葉高島屋	2.764858**		
	分享	2.529094*		
	踩街	2.155659*		

高頻詞	搭配詞	T-score	搭配詞	T-score
找尋	古道	2.413247*		
	鸚鵡	2.404186*		
	鑰匙	1.996726*		
寵物	比特犬	3.559551***		
	養狗	2.180438*		
	出門	2.161895*		
環境	天母運動公園	3.950602***		
	運動	2.698532**		
	行道樹	1.994075*		
監視器	拍到	2.777991**	紅綠燈	1.976224*
	行車	2.555887*		
	死角	2.430077*		
	記錄	2.378309*		
	警局	1.992075*		

說明：

1. 語料庫總詞彙量50383字元。

2. 本文將由「高頻詞彙」搭配詞數據中，列出「搭配詞」詞頻前十高者，並通過T-score 顯著性檢定，若無法通過不予計算之。

3. 顯著性：*p-value <0.05、**p-value<0.01、***p-value<0.001。

附錄二 「臺北之北投幫」社群社區之搭配詞檢定

高頻詞	搭配詞	T-score	搭配詞	T-score
北投	國小	3.030183**	籃球場	2.27416*
	花海	2.503755*	溫泉	2.145147*
	捷運	2.444198*	關渡平原	2.054998*
	工作坊	2.427375*	水稻	2.044004*
	陶瓷	2.280523*	運動	1.999956*
幫忙	好心	2.912938**		
	撐傘	2.547032*		
	寵物	2.041096*		
小孩	聖誕	2.69421**	幼兒園	1.985497*
	插隊	2.584258**		
	工作坊	2.48177*		
	成長	2.372*		
	閱讀	1.996808*		
教育	建議	2.284993*	幼兒園	1.984083*
	功課	1.999633*	孩子	1.981194*
	校園	1.997042*	環境	1.99545*
	大學	1.98445*		
	爸媽	1.996675*		
推薦	北投	2.541569*		
	幼兒園	2.153087*		
	保母	2.086703*		
	環境	1.995253*		
	駕訓班	1.989913*		
寵物	幫忙	2.037569*	養狗	1.970695*
	走失	1.993873*		
	找尋	1.992757*		

高頻詞	搭配詞	T-score	搭配詞	T-score
	洗澡	1.98842*		
	安危	1.988627*		
防疫	在家	2.142922*		
	本土	1.998344*		
	爆發	1.998344*		
關渡	花海	5.173456***	拍照	1.98065*
	祕境	3.932471***		
	北投	2.649755**		
	藝術季	1.967794*		
	拍攝	1.996604*		
美食	新鮮	2.956661**		
	牛肉麵	1.981956*		
環境	復興	2.553495*	晴朗	1.991853*
	新北投	2.285782*	快樂	1.990929*
	小孩	2.00819*	小孩	1.9872652*
	乾淨	1.997696*	防疫	1.9841886*
	拍攝	1.993087*		
捷運	出口	3.384895***		
	新北投	2.486735*		
	北投	2.377811*		
	面交	2.203346*		
	復興崗	1.981708*		
活動	新北投	2.056771*	關渡	1.979553*
	環境	1.992659*	溫泉	1.995556*
	分享	1.980388*		
	防疫	1.998981*		
	聖誕夜	1.995137*		

高頻詞	搭配詞	T-score	搭配詞	T-score
花海	關渡	5.163458***		
	祕境	3.810782***		
	北投	2.594972**		
	拍攝	1.994491*		
監視器	死角	1.986312*		
	警方	1.962094*		
	車禍	1.997343*		
	失蹤	1.984856*		
謝謝	幫忙	3.976952***		
	留言	2.62874**		
	支持	2.388492*		
	資訊	2.095835*		
	推薦	1.968722*		

說明：

1. 語料庫總詞彙量39628字元。

2. 本文將由「高頻詞彙」搭配詞數據中，列出「搭配詞」詞頻前十高者，並通過T-score 顯著性檢定，若無法通過不予計算之。

3. 顯著性：*p-value <0.05、**p-value<0.01、***p-value<0.001。

附錄三　「我是士林人&北投人」社群社區之搭配詞檢定

高頻詞	搭配詞	T-score	搭配詞	T-score
士林	北投	2.990162**		
	推薦	2.870415**		
	找尋	2.460626*		
	捷運	2.260394*		
	中正路	2.034318*		
謝謝	大家	6.760092***		
	士林	2.627566**		
	幫忙	2.473404*		
	留言	1.999793*		
	推薦	1.985693*		
美食	新鮮	2.37149*		
	友善	1.994182*		
	日式	1.974639*		
	泰式	1.975372*		
店家	時間	3.698014***		
	地址	2.216049*		
	防疫	1.99321*		
防疫	外帶	2.183449*		
	內用	2.03035*		
	健康	1.991392*		
	藥局	1.982897*		
老闆	撐下去	1.991129*		
	餐點	1.988092*		
	防疫	1.992968*		

高頻詞	搭配詞	T-score	搭配詞	T-score
推薦	士林	3.020878**		
	疫苗	2.326181*		
	診所	1.99454*		
	推拿	1.987784*		
	牙醫	1.98499*		
小孩	免費	3.013446**		
	弱勢	2.165908*		
	家長	1.996763*		
	幼稚園	1.981667*		
	牙醫	1.981474*		
幫忙	大家	3.073904**		
	謝謝	2.416304*		
	推薦	2.306755*		
	找尋	1.983743*		
	監視器	1.984784*		
外送	防疫	2.871267**		
	美食	2.602819**		
	推薦	2.534128*		
北投	士林	2.97814**		
	防疫	1.995653*		
	外送	1.998914*		
捷運	士林	2.249388*		
	防疫	2.169486*		
	監視器	1.985111*		
	公車	1.977895*		

高頻詞	搭配詞	T-score	搭配詞	T-score
社子島	居民	4.290358***		
	開發	2.775613**		
	自救會	2.209346*		
	公平	1.994802*		
	正義	1.994802*		
環境	社子島	1.990777*		
	樹木	1.988654*		
	防疫	1.988654*		
	小孩	1.970159*		
監視器	車輛	2.22508*		
	警察	1.980862*		
	捷運	1.982585*		

說明：

1. 語料庫總詞彙量23027字元。

2. 本文將由「高頻詞彙」搭配詞數據中，列出「搭配詞」詞頻前十高者，並通過T-score顯著性檢定，若無法通過不予計算之。

3. 顯著性：*p-value <0.05、**p-value<0.01、***p-value<0.001。

第五章

挪威淨零轉型發展對臺灣教育的啟示

郭怡立、張明文

不管你走到哪裡，天氣如何，都要帶上自己的陽光。

（Wherever you go, no matter what the weather, always bring your own sunshine.）

～安東尼‧迪安吉拉（Anthony D. Angelo，美國作家Quotes）

壹　緒論

　　為了迎戰氣候新賽局，邁向淨零國家或城市，更多企業提升國際競爭力，承諾淨零經營，顯示全球淨零轉型（Transform to Net Zero）大趨勢。這場空前永續變革如火如荼的開展。KPMG作為關注實踐ESG課題的審計環球先驅，在「2021淨零排放準備度指數（Net Zero Readiness Index 2021）」文件中揭示，從「國家準備度」與「產業準備度」兩大構面出發，針對世界超過三十餘個國家推動實現淨零排放的觀察，評估2050年達成進展的排名（Ko, I., Dolšak, N., & Prakash, A., 2022），根據結果顯示，北歐能源的出口大國挪威，竟以第一名勝出，英國與瑞典緊追其後，為何曾作為西歐最大產油國的挪威，得以超前群倫引發關注。相較於對北歐其他國家研究數量，臺灣學術界研究「挪威淨零」相關研究顯得鮮少。本研究聚焦從淨零轉型發展的模範生「挪威」出發，檢視臺灣此一議題的努力現況，讓我們進一步在整體經濟結構的轉型時，導入教育引領社會的省思與行動，期能發揮教育人在推動永續臺灣淨零轉型的關鍵角色！

貳　挪威淨零轉型的發展

一、從多系統動力學（Multi-system dynamics）觀點析論挪威淨零轉型

　　永續轉型社會的大多數系統研究，都建立在多層次視角的基礎上。若將多系統相互作用，理解為位於不同社會技術系統中的利基和政權之間的交互開展，舉凡戰爭、人口、宏觀經濟或宏觀文化趨勢等內外在條件發展的背景，皆屬關鍵性動力因子（Andersen, A. D., & Geels,

F. W., 2023）。晚近科技日新月異，多系統動力學的思維，多以三向度分析，首先是「制度—制度相互作用」（例如：電力系統調度思維與電力設施空氣汙染物排放標準的相互作用，多屬政府立法規範間的運作）；其次，「制度—利基相互作用」（例如：《電業法》改革中電力制度與提供能源大戶建立綠電條款，多屬政府立法營造業界有利的條件），以及更進一步，「利基—利基相互作用」（例如：電動公車得有足夠充電樁才能維持續航力，若改用極紫光EUV產生的餘氫，讓公車電源換成氫能，就可能解決電樁成本的問題，多屬於學術研究成果回饋業界，創造雙贏）。本研究以挪威淨零轉型的發展生態，為動力學分析樣板，如圖5-1所示，顯示教育宣導與人才培育，發揮了滲透涵化的功能。

圖5-1
挪威淨零轉型系統動力學分析（研究者自行繪製）

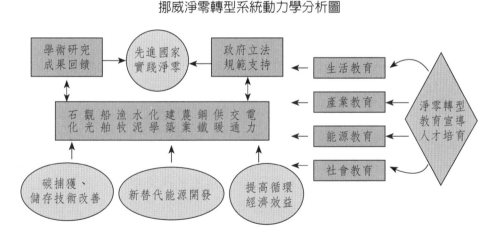

挪威淨零轉型系統動力學分析圖

如圖5-1所示，系統想要充分發揮作用，提高淨零過渡的速度，就必須整合許多淨零轉型路徑，將需要連結且跨越多個社會技術系統，整合各方利基的資源流。放諸挪威在淨零轉型上的努力，在減緩氣候變化這一總目標下，需要將所有社會技術系統，實現淨零轉型，包括交通、供暖、建築、電力、農業食品，以及鋼鐵、化學品和水泥等基本材

料的生產和使用。挪威耗能區塊甚多，尤其在對抗高緯度嚴寒氣候、地廣人稀的交通運輸與重工業等方面，其有效排碳的關鍵途徑，包含以生產低碳的電力供暖，運用氫能源與廢蒸氣，轉為氣電共生，改良電器、照明、建築等節能材料，發揮循環經濟，落實提高產能效率。

二、挪威淨零轉型產業的生態結構

挪威收益較高的產業分別是：石化燃氣業、電力、漁產養殖業、船舶運輸業、觀光業，卻也是亟需減碳的行動對象。以下綜合從產業與城市治理等視角切入，分析促成淨零轉型的推手。

(一) 挪威淨零轉型發展舉隅

1. 推動農業耕種淨零轉型：泥炭地耕種產生的二氧化碳和一氧化二氮是挪威農業部門的第二大排放源，僅次於牲畜排放的甲烷，2020年6月，挪威決定禁止泥炭地種植，以保護關鍵的碳匯，由此，農業耕地變成了政黨間攻防的高度政治性議題（Farstad, F. M., Hermansen, E. A. T., Grasbekk, B. S., Brudevoll, K., & van Oort, B., 2022）。

2. 推動城市治理淨零轉型：挪威人口分配不均，高度集中城市化，以2009年至2019年間，奧斯陸城市為例，其碳總排放量下降了16%，市政府投入更多預算，且確保大部分氣候預算資金流向減少排放的企業，鼓勵方方面面的項目推行分散式的轉變，所有市政部門決策的過程指向減少碳排放量。例如：提高非電動汽車的通行費和停車費，為電動汽車提供了更多、更便宜的停車位；採用電動挖掘機達成零排放建築工地；在建造新建築時用木材替代混凝土和鋼材對溫室氣體排放的影響；學校自助餐廳僱用外部供應商，內容包含僅提供素食或魚素午餐的試點計畫；甚至綠化墓地施作僅限電力工具和機械，更趨近於生態公園化。為了實現淨零轉型目標，所有運輸方式都必須使用可再生燃料，才能實現總體目標，需要對氫能源基礎設施採取強有力的支持計畫，以實現整個運輸部門的脫碳（Lind, A., &

Espegren, K., 2017）。奧斯陸的城市治理，可推廣到國內其他城市。

3. 推動交通工具淨零轉型：電動車船逐漸普及的政策下，挪威政府提供大量資金給購車者補貼，並以減少汙染爲目的，徵收更多關於石化汽車和石化燃料稅收，促使更多客戶購買電動汽車，適切的增加電動汽車製造商和電動汽車電池製造商的利潤（Asgarian, F., Hejazi, S. R., & Khosroshahi, H., 2023）。政府對整體電力系統調整，包含增建電池充電基礎設施。目前尚待努力的部分，是再大幅提高電動汽車中的電池功效，從而減少對新電網的依賴。

4. 推動氫能源動力淨零轉型：在「氫經濟」（Hydrogen Economy）的概念下，爲取代傳統火力發電及船舶運輸，來自挪威的雅拉國際集團（Yara International）爲了讓氫能源被更安全地儲存和運送，先轉換成不易燃的綠氨燃料補給，讓氨能作爲運輸氫的載體，政府積極協助業界，爲了配合氫氣的供應和使用，布建新的氫氣運輸管道，以及與新建碳捕獲和存儲（CCS）系統連接，這些捕獲生成的二氧化碳，通過運輸管道，將其儲存在海底鹹水層中（Haugen, H. A., Eldrup, N. H., Fatnes, A. M., & Leren, E., 2017）。政府資助業界，發展產業鏈，從氫氣製備轉化到液態氨的儲存運送，有助於整體能源政策的淨零轉型。

(二) 挪威淨零轉型生態系統的關鍵推手

1. 挪威統計局（Statistic Norway）

淨零歷程需要精準的盤點與預測，離不開數字依據。依照不同溫室氣體差異，統計局建立以每噸二氧化碳當量百萬挪威克朗的比率模型，計算特定產業或部門碳排放係數。以旅遊觀光業車輛移動碳排放爲例，過程第一步，先估算遊客的汽油支出，然後根據挪威每升的平均價格乘上該活動的遊客總數，即汽油消耗總升數；第二步是根據遊客消耗的燃料量，使用燃料排放因子計算二氧化碳當量值；第三步，評估旅遊業是否脫碳、脫碳速度如何，以及旅遊碳足跡是否與消費成比例增加

（Statistic Norway, 2021）。新冠疫情過後，挪威統計局根據各種情況分析，進而預測未來十年的旅遊業CO_2排放量的增長率。

2. 挪威建築管理局（Norwegian Building Authority）

根據挪威ZEB（Zero Emission Buildings）試點案例和敏感性評估溫室氣體減排戰略的經驗教訓，重新設計了挪威單戶零排放建築概念。人們愈來愈需要更環保的建材建物，建築規範中的最低要求未來只會增加，這個態勢可以被視為建築淨零轉型的核心機制。木結構建築的材料，必須包含再生能源和創新技術、設計和建築的綠色工業轉型的觀點，例如：採用低碳混凝土條形基礎、玻璃棉隔熱層和木結構設計。許多創新建築材質的設計巧思，都來自挪威對淨零追求的思維。

3. 挪威國家能源管理投資公司Enova SF

在挪威計畫將大型工業區全面電氣化時，爆發的俄烏戰爭造成物價上漲，導致電費跟著上漲，然而，挪威擁有得天獨厚的天然環境，豐富而廉價的再生能源主要來自水力發電。挪威的電力公共政策，歷來是根據該國能源和氣候政治背景與走向來定義。國有企業Enova透過隨電費附徵，設置能源基金（Energy Fund），資助企業淨零創新，例如：分別挹注鉅額資金在北海浮動式風力發電廠Hywind Tampen，投資設置世界上最大的浮動式海上風電場；也補助Skog Saugbrugs低耗能造紙公司，讓原木紙漿製程更有效地排熱。

4. 挪威石油與能源部（Ministry of Petroleum and Energy）

挪威國家石油公司（Equinor）投資離岸油田，藉由浮動式離岸風電場，代替燃油供電，有別於傳統的離岸風機嘈雜，浮動式風機降低噪音汙染，既滿足油氣開發，也維護了海洋生態。此外，透過氣體壓縮機將空氣打入海平面下的油井，擠出穩定油源流出油井。最關鍵的天然氣空燃餘碳問題，透過封存海底等方式，確實大幅達成「碳捕捉」。為了達成淨零轉型，挪威石油公司配合政府部門，創新技術，居功厥偉。

5. 挪威氣候與環境部（Ministry of Climate and Environment）

挪威議會於2017年6月通過了氣候法案（Ministry of Climate and Environment, 2017），為了邁向低排碳社會，氣候與環境部就是重要的立法推手。該部由五個部門和一個通訊單位組成，轄下與規劃淨零

政策直接相關的部門有四，包含：永續發展和轉型部門（Department of Sustainability and Transition），該部門負責制定有關氣候和環境知識、經濟發展和綠色轉型的政策，它還負責熱帶森林和多邊工作；海洋管理和汙染控制部門（Department for Marine Management and Pollution Control），該部門制定針對歐洲經濟區海洋環境、汙染、化學品和產品監管、廢物（包括海洋垃圾和微塑料）等，涉及環境與貿易投資協議的戰略和政策；氣候變遷部門（Department for Climate Change），該部門負責氣候變化領域的國家政策制定和國際工作；文化環境與極地事務部門（Department for Cultural Environment and Polar Affairs），該部門一方面制定保護和永續運用文化古蹟、遺址，另方面主責極地氣候和環境的政策（Haugen, F. A., 2016）。此外，設在自然管理部門（Department for Nature Management）下的挪威環境署（Norwegian Environment Agency）控制溫室氣體降低排放，開發再生能源水力發電、風力發電，擁有許多專家擔任技術顧問。

6. 挪威交通運輸部（The Ministry of Transport）

挪威交通運輸研究部門，通過執行連續的建模研究（包括每日交通動線、廢氣排放和擴散模型）來研究交通和二氧化氮濃度變化的結構關係，決定汽車入城通行費，低排放車輛劃定優先車道以及徵收更高的碳排放稅。挪威除電動公共巴士、電動滑板車和乘車共享計畫之外，電動自行車引入的政策和設計方向，提高了自行車共享的性能。電動渡輪是城市地區有效的解決方案，渡輪還可以減少對隧道和橋梁的投資需求。晚近，交通運輸部把焦點轉移至天空，研究如何引導向零排放和低排放的航空加速轉型。為了落實這一策略，除研發永續航空燃油之外，還考慮其他如氫能源類型的飛行能源載體。

研究發現，挪威公部門在淨零轉型生態系統上，居功厥偉，尤其以挪威統計局、建築管理局、石油與能源部、氣候與環境部、交通運輸部等部會，用心規劃，扮演關鍵的推手。

三、影響挪威淨零轉型法規的因素

　　根據挪威憲法，所有公民都有權享受健康的環境。然而，石油和天然氣行業是該國經濟的核心，占全國出口的一半以上。2020年11月環保組織向該國最高法院提起了一起具有里程碑意義的案件，尋求使北極新石油勘探許可證失效。這是根據2014年通過的挪威憲法環境條款，而提起的第一起氣候變化訴訟。

　　2016年10月，綠色和平北歐協會（Greenpeace Nordic Association）、自然與青年等環保組織聯盟（Nature and Youth），以及祖父母氣候運動（Grandparents Climate Campaign），向挪威政府抗議。涉及挪威政府頒發的石油許可證，違反了挪威憲法中規定的「健康環境權」（right to a healthy environment）的主張，於2020年12月法院駁回了這一主張（Voigt, C., 2021），因石油和天然氣出口對挪威經濟的指數增長和挪威福利國家做出了重大貢獻下，最終法院判決原告沒有勝訴，但也沒有敗訴，但過程頗富社會教育意義。該案例有助於提高挪威國內外公眾、學術界和政治界對氣候變化的認識。原告認為侵犯了他們的生命和私人生活人權的問題，仍然懸而未決，因此後續上告歐洲人權法院（European Court on Human Rights），跨國氣候訴訟也促使挪威政府思考，關於出口排放的法律或法規，挪威立法者將不得不重新審視相關國家立法，以求制定更觀照及兼容IPCC 1.5°C排放碳軌跡的法案。

(一) 國際法規的因素

　　1998年挪威政府提出了兩個論點：第一，「汙染者付費」原則應適用於所有排放；第二，依照《京都議定書》第十七條規定的協議（例如：排放交易）作為補充國內氣候政策工具，開始開徵二氧化碳稅，議會多數派成立了配額委員會來考慮挪威排放交易系統（Emissions Trading System, ETS），預期達成溫室氣體排放量的目標，2009年挪威成為歐盟排放交易體系（EU ETS）的一部分。

(二) 國內政治因素

市政府是挪威地方政府和行政部門的主要單位，它們與縣（fylker）一起構成了兩級地方政府。氣候問題浮出挪威政壇二十世紀八〇年代末的議程。1989年至2005年間，逐漸在少數黨政見中，出現要求建立氣候政策，自2005年以來，挪威在多數黨政府（majority governments）中開始納入氣候因應對策，成為勝選的一股關鍵政見。

(三) 國際組織參與因素

歐洲經濟區協議於1994年元月生效，允許挪威參與歐盟內部市場。雖然協議的主要重點是人員、服務、資本與貨物流動自由，但它也需要更多合作的部分，例如：當歐盟委員會制定新的立法時，挪威身為成員必須在歐洲經濟區聯合委員會中不斷相互通報和協商（Gullberg, A. T., & Skodvin, T., 2011），這意味著它可能也限制了挪威政府設計氣候政策的自由。

綜上所言，如圖5-2影響挪威淨零轉型法規的進步因素，主要有國際法規的約束、國內政治的現實、國際組織參與的協商，這三方面凝聚下的動態平衡產物。

四、教育在挪威淨零轉型的助力舉措

挪威一方面透過高稅收，另方面藉由石油銷售收入而設置的國家主權基金挹注，號稱「從搖籃到墳墓」終身都能獲得補助，教育預算在此一著稱的社會福利國家，亦受到寬幅的編列。然而，檢視二十世紀九〇年代初期，挪威最暢銷的中學科學教科書對「氣候變遷」篇幅著墨不多，僅僅提到臭氧層遭到破壞與協和號超音速客機等飛行器帶來汙染（Hansen, 1996）。課程欠缺，教材薄弱，大多數教師能補充的相關知識有限。直到聯合國跨政府氣候變化委員會（Intergovernmental Panel for Environmental Changes, IPCC）確認地球暖化趨勢，1992年後續更有一系列相應的物理學證據（The Physical Science Basis），佐證了氣候變遷（Climate Change Mitigation）等資訊後（Mitigation, C. C.,

圖5-2

挪威淨零法規動態生成影響因素（研究者自行繪製）

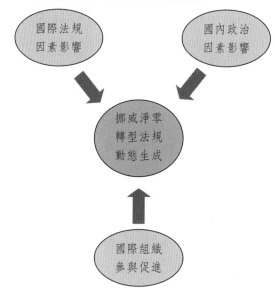

2011），從挪威政府、企業與普羅大眾，意識到問題的嚴重程度，教育單位隨之有了急迫感。符應了保羅‧弗萊雷（Paulo Freire, 1970）在《被壓迫者教育學》書中建議學生需要帶著他們的知識和經驗，從日常生活的社會現實進入課堂。挪威的中小學生可以通過許多師生對話，在重視氣候與永續教育的濃厚氛圍下，經由闡述對這些現實的批判性理解，引領著社會邁向淨零大道。

(一) 在課程設計與教學上融入引導

為了促進多元彈性，符合經濟文化、時代背景與不斷變動的氣候治理國際需求，挪威通過聯合國「全球高等教育學歷學位互認公約」，其四所知名大學在跨國學術展現熱絡交流，分別為奧斯陸大學、挪威科技大學、卑爾根大學與北極大學，由於地處高緯度地區，因此在大氣極光、地球環境科學、漁業、生物技術等方向是強項。茲以2022年奧斯陸大學（University of Oslo）為例，一門開設給三年級醫學院學生，從地球角度看氣候變遷和健康的選修課程為例，課程目標是幫助學生深入

瞭解，如何統整淨零知識，連結健康促進行動的緊迫性，並提高學生們對衛生保健系統的認知（如表5-1）。

　　課程安排包括三種主要學習模式：氣候變遷和健康相關重大議題的講座和討論；與利害關係人舉辦研討會，展示極端氣候在健康促進的生活關聯；由學生選定PBL主題的小組研討，激發淨零意識融入醫學教育變革。

表5-1

挪威醫學院學生「氣候變化和健康」的選修課程表

關鍵主題講座	氣候變化對健康的影響	生物多樣性和健康	氣候變化	醫療保健氣候管理足跡	糧食與氣候變化	改變社會	衛生部門變革	永續社會經濟	公共衛生溝通	小組作品展示
師資	醫生	生物學家	物理學家	醫生	營養師	人文地理學者	醫生	政治學者	醫生	
小組作業	簡介作業	團隊合作	團隊分組	國際合作	主題選定	團隊合作	團隊合作	團隊合作	提交演示	課程評估
指導者	醫學博士政治學家	醫學博士政治學家	醫學博士政治學家	資源醫生	資源醫生	醫學博士政治學家	資源醫生	資源醫生	資源醫生	醫學博士政治學家
研討會	氣候變化全國健康調查	挪威醫生應對氣候變化	綠色選擇介紹	挪威醫生應對氣候變化	歐洲無害醫療	氣候變化與薩米原住民	無國界醫生組織	衛生局中氣候工作者	醫院層級氣候工作者	
演講參與	醫學院學生	醫生		醫學院學生	醫學院學生	護士	薩米研究心理專家	醫生	環衛顧問	環衛主管

由表5-1，觀察到講座重點關注行動的知識基礎，涵蓋「氣候變化與健康簡介」、「氣候科學」、「管理醫療保健的氣候足跡」、「生物多樣性與健康」；也關注行動實施「社會轉型」、「有效的公共衛生溝通」等（Aasheim, E. T., et al., 2023）。跨學科性是一個突出的特點，大約一半的授課教師具有醫學背景，其餘則代表自然科學、社會科學和人文學科的跨域專家與學者。課程可採線上與實體授課，參與者對氣候變遷與健康之間的聯繫，有了更細緻的瞭解，錄製的講座和研討會精彩內容，可作為未來線上學習模組化的資源。奧斯陸大學醫學院還導入校友團體資源，提供學生獎助學金，以展示學生優良作品。

(二) 結合STEM的批判性氣候教育探究與實作

氣候變化對世界各國政府來說，都是一項全球性的緊迫挑戰。挪威中小學因此強調提高全體公民科學、科技、工程和數學素養，而這種認識應該在每個學生的批判性氣候教育（critical climate education）過程中培養，並帶來氣候正義（climate justice）行動。教育主管機關支持學校應對這一挑戰，廣泛整合STEM的知識。確定學生如何在碳排放、碳足跡量測論證中，運用習得的關鍵數學能力。學生的反思也包含多種觀點，例如：環境、經濟和倫理問題，這對於使學生成為批判公民非常重要（Svarstad, H., 2021）。對於挪威公民來說，有關氣候正義的國際協定規則，即道德規範，挪威CCE教師並精心製作氣候問題的相關教材，學生在校成立社團，討論如何緩解氣候變遷的措施與具體行動。

(三) 數位化學習環境有利於淨零理念的落實

數位學習將更普及，有助於學習轉型，推動淨零理念。在許多挪威小學，使用平板電腦已成為推動數位素養實踐的核心行動。一項研究探討了挪威兩所小學中9至13歲（5至7年級）的學生，如何運用平板電腦的活動，發現隨身攜帶的平板電腦，促發學生以圖片、影片、音樂、社交，展現更多學習分享的自我風格，有了更多前所未有的交流互動，讓學生有更多源源不斷的創意和反思（Bjørgen, A. M., 2022）。根據《2017-2021年中小學教育培訓數位化行動計畫》（Action Plan for Digitalization in Primary and Secondary Education and Training），在

挪威許多城市，選擇自攜電子設備（BYOD）的學校政策也變得愈來愈普遍（Lund, A., 2021），師生資訊能力大幅提升。網絡工具促進日後社會參與度更加廣泛，預期未來助益氣候公共政策的制定，過程將更加周延。

(四) 全球公民教育喚醒負有淨零環保的義務

傳統挪威教師廣泛受到基督教信仰影響，在進行全球公民教育（global citizenship education, GCE）時，自然呈現「寬容、尊重其他文化和保有傳統和理性」的課程核心價值。然而，歷經北非難民與烏克蘭難民大量湧入，挪威必須納入不同民族生活習性與風俗文化，促進命運共同體，增加許多挑戰，多元文化社會亟需凝聚成新的「挪威認同」。面對變動的新社區社會，學生需要討論公共議題，並持批判態度。目前挪威的核心課程價值觀，最重要有三部分：健康與生活技能、民主和公民權、永續發展。一項針對挪威分散全國各地的八位教師教育工作者的深度訪談，質性研究結果顯示，雖然挪威全球公民教育GCE的操作和教學很複雜，但教師堅信它帶來探索與解放是充滿價值的（Elkorghli, E. A. B., & Bagley, S. S., 2022）。面對挪威氣候的變化主題，全球公民教育卻喚醒挪威人負有淨零環保的義務，從中建立挪威與世界地球村的連結。

(五) 能源教育的選擇既是科學也是政治

挪威政府預期過渡至一個淨零排放社會，將給國家帶來巨大的經濟利益，所以特別著力於新能源的開發，目前氫能源是首要倡議。內容主要是教育大眾有關氫能源的訊息。由於性別、年齡和教育等一系列社會人口因素，實質上影響對新能源技術的看法和態度，特別是在政黨選舉時。因此，以能源教育扎根的方式，在學校課程中研究探討，有助於淨零轉型的政策推動。挪威北部的峽灣地形崎嶇，許多地方缺乏鐵路網絡，不得不增加海上和公路運輸，導致交通運輸部門是碳排放的最大來源。挪威得天獨厚的是電力生產大國，幾乎完全由水力發電產生再生能源占總電力的98%，但它也是天然氣和石油生產國，高耗能導致用電量上升，挪威努力推動電動汽車取代燃油車，提高能源效率和低碳消

費政策，2000年之後空氣中PM2.5排放量下降近50%（NILU, 2018）。然而，陸上風力發電的電能快速增長，靠近風電場的社區苦於噪音等干擾，居民不滿情緒導致了法律訴訟，相對於陸上風力發電的反對，許多民調發現人民傾向接受離岸海上風力發電（Jikiun, S. P., Tatham, M., & Oltedal, V. M., 2023），顯見推動淨零轉型是需要兼顧科學與政治。

(六) 高等教育跨國攜手培育綠能開發人才

氫能源動力煉鋼廠一舉獲得廉價、無碳排放的電力，產出優質鐵礦和受到歐洲市場歡迎，研究推估挪威煉鋼廠，若綠氫的使用量增加24%，每年可減少560公噸二氧化碳排放，則每年創造8200億歐元的經濟價值（Bhaskar, A., Abhishek, R., Assadi, M., & Somehesaraei, H. N., 2022）。跨國間氫利益相關者，對於建立激勵措施和確保關鍵參與者的承諾，至關重要（Høyland, S. A., Kjestveit, K., & Skotnes, R. Ø., 2023）。2023年聯合義大利（Politecnico di Torino）、西班牙（Universitat Politècnica de Catalunya）、荷蘭（Eindhoven University of Technology）等國，與挪威科技大學（Norwegian University of Science and Technology）合作，共同推出「HySET氫系統和增能技術」（Hydrogen Systems and Enabling Technologies）首屆氫技術理學碩士。HySET設置的主要目的，是在國際和多元文化環境中培養具有氫行業和相關系統多學科知識的專技人員，以跨國合作應對能源轉型中出現的複雜挑戰。綠色能源管理階層、工程師、規劃人員和政策制定者需要拉升到整個系統的視角，並在地方、區域和國家層面開展工作，然後才能大規模開發和實施氫供應鏈。能源教育目的在追求獲得永續。挪威也與歐盟地理位置最北的大學，芬蘭拉普蘭應用科學大學（Lapland University of Applied Sciences）合作創建一個跨國的能源研究團隊，專注於將永續發展目標（SDGs）充分融入大學的學習活動中。

(七) 高等教育研究領域提供邁向淨零轉型國家的需求

一項研究評估了2017年經合組織挪威創新政策審查建議的實施情況，主要圍繞四大主題：(1)發展高質量的研究社區； (2)增強競爭力和創新能力； (3)應對重大社會挑戰；(4)完善科技創新體系治理。經由

四大主題的努力，然後促成「2023-2032年挪威研究和高等教育長期計畫」改革的新機會（Larrue, P., & Santos, R., 2022）。該報告在關注挪威自身的同時，還分享先進經濟體的永續轉型等關鍵問題，提供了經驗教訓，這些經驗教訓在其他國家背景下，足以借鏡。以挪威科技大學為例，其博士生Sadeghi近期發明一種可轉化地熱的創新混凝土樁，能夠將新建建築的供暖和製冷能源需求減少三分之二，相當於節省大量電力，有助於緩解電網負載。而挪威科技大學技術轉讓，代表大學管理知識產權，目前此一潛力巨大的項目已推廣至芬蘭（Sadeghi, H., & Singh, R. M., 2022）。說明了高等教育研究領域，舉凡氫能源、綠色航運、碳捕獲和儲存以及海上風電等新科技研究，同時能增加價值創造和就業，扮演提供邁向淨零轉型國家的關鍵角色。

(八) 挪威發展跨域課程改革，注入淨零轉型元素

2000年代初，由於當時PISA 2000和PIRLS 2001的國際評量結果不甚理想，導致教育政策有了新調整（Germeten, S., 2011）。挪威部分保留2020年學科課程框架，但更重視跨越文化鴻溝進行交流的能力，跨學科理解的能力，分別展現在健康和生活技能、民主和公民權、永續發展等課程主題。新的LK20核心課程（Ministry of Education and Research, 2017）為挪威政府關注重點，未來幾年國家需要哪些類型的專業知識，其中包括IT、健康和綠色淨零轉型領域所需的技能（Sundby, A. H., & Karseth, B., 2022）。也強化學生自主學習、與他人合作、數位素養與解決問題能力等「橫向技能」（Transversal skills），目的在確保挪威新生代，擁有必要的專業知識來應對未來的挑戰。

參　臺灣淨零轉型發展的現況

邁向淨零國家要靠產業轉型，產業轉型要根植科技發展，科技發展要倚賴金融體系（官生平、杜台麗，2023），行政院擬出各界達成淨零排放規劃指引，標舉「建築」、「運輸」、「工業」、「電力」及「負碳技術」五大項目（方俊德，2023）引導產業淨零轉型。本文探討達成淨零排放路徑，以及各級政府、大專院校與業界共同匯智，聚焦

在能源、產業、生活與社會等面向，提出一系列轉型的初步作法與前瞻策略。

一、臺灣淨零轉型發展的作為

(一)「能源轉型」的策略

電力部門將爲全球淨零排放之重點關鍵（徐瑋成，2022），以下從三個向度闡述現況與挑戰：

1. 在碳捕捉利用及封存技術改良方面

臺灣中油公司經過多年測試的努力，已完成「二氧化碳捕捉及轉化甲醇」製程測試，能將二氧化碳透過封存，轉化再利用方式，帶動碳循環（Carbon Recycling）產業鏈商轉。

2. 在碳中和天然氣改良方面

2020年中油與殼牌公司合作，同時向東南亞等地國際森林保育計畫採購碳權，進一步擴展供應碳中和液化天然氣，並提供產品與價值鏈中利害關係人合作，如台積電，這過程需要經由碳盤查、碳減量、碳權抵換三步驟，並委由第三方公證公司認證。但是隨著製程升級，如極紫外光設備（EUV）帶來更多電耗，綠電不足，業界的挑戰才要開始。

3. 開發氫能源方面

氫能源乾淨環保，用途廣泛，例如：中鋼、成大透過產學合作，啟動「負碳科技氫能冶金共研中心」計畫；台電與德國企業，選定興達電廠進行天然氣混氫燃燒試驗；中油則規劃加氫站、運氫車等，但因運輸得採高標準安全規範，仍必須持續跟社會溝通。展望未來，因應全球趨勢，投注人才培育及技術研發，帶領臺灣製氫產業鏈升級。

(二)「產業轉型」的策略

1. 尋找兼具循環經濟與能源轉換的解決方案：特別針對水泥、石化、半導體等高碳排產業製程中，高殘量的氫回收，再轉換爲電力。
2. 電子廢料再提煉與閉環處理節能新材料：這是循環經濟的實踐，例如：手機與電動車有大量報廢車用鋰電池、高溫冶金還

原金屬，或取適當溶劑將貴金屬以離子態溶出回收；若爲非金屬塑料垃圾，可分解成木質素、纖維素等最基本的天然成分，及創新性資源循環技術，把廢棄物轉換爲再生資源。經濟部則扮演媒合輔導的角色，讓回收、清除、拆解、再生成爲一條循環減碳淨零的產業鏈。

(三)「生活轉型」的策略

1. 推動循環建築在能耗上整合，獎勵選購變頻式家電、LED燈管；在建材上，例如：台泥與亞泥推出減碳CCU混凝土，改良碳捕捉及再利用創新技術，開發壽命更長、碳排效果更佳的超高性能混凝土（UHPC），以預鑄工法降低營建產業對於地球造成的環境負荷量；在交通運輸上，鼓勵搭乘公共運輸服務，共享與轉乘無縫銜接。

2. 結合永續發展教育融入主流化教學，帶入極端氣候對臺灣「在地化」的影響，來增加學生認知興趣，喚起危機意識，並尋求問題解決（李明昆，2017）。此外，國立自然科學博物館、桃園武陵高中等社教機構與學校，亦以高國中生爲教學對象，發展以全球氣候變遷環境專題導向教學，進行探究與實作的學習方案之研究。透過多元管道，多層次、廣泛範圍的進行科普教育推廣與理念宣傳，凝聚全民淨零轉型共識。

(四)「社會轉型」的策略

1. 推動跨部會合作的淨零碳排政策。例如：金管會需扮演惠普救濟角色，跨部會工作推動綠色金融行動方案3.0，營造適合電子支付發展環境，透過金融機制，引導傳統高碳排企業產業鏈轉型，促進政策參與式監督，以引導資金投資轉向永續產業。

2. 課徵碳稅，成立氣候基金，啟動社會永續轉型。臺灣碳權交易所2023年8月正式成立，社會較爲關心的是，對碳盤查、碳足跡、碳中和、碳交易等淨零排放議題，新增碳費機制是否接軌國際且合理訂定，若成立基金，應專款專用且優先用於公正轉型。

二、臺灣高等教育提供淨零轉型取向的發展模式

研究者歸納了臺灣的大學階段，多以下列四種方式積極推動淨零社會轉型：

(一) 學界與業界攜手，建構校園的淨零生態

學界是業界的活水，業界是學界的實踐。打造智慧化氣候友善校園，透過學習AIoT、智慧電表、智慧水表等工具，借助智慧化工具進行校園碳盤查，實證的數據結果，進而作為後續減排及負碳之參考基礎。例如：淡江大學在研發數位資通領域，結合遠傳電信大數據與網際網路技術，這幫助了師生校友企業升級，營造數位韌性的低碳校園。臺灣師大光電工程系，藉著開發紡織纖維辨識系統，以近紅外線技術（NIR）展現智能分類，達到回收再利用的淨零效果，也衍生成為校方的新創公司。以塑化龍頭台塑企業為例，便資助成功大學「微藻碳捕捉」新創事業，而微藻是自然界固碳效率最高的生物，幫助臺灣減碳，也可用於淨化工業廢水及改善有機農業。學界與業界相互支持，構築校園的淨零生態。

(二) 官學合作，共同促進低碳城市目標

地方政府的城市治理，需要校園的智慧與活力。城市在氣候行動規劃的努力要件，如盤點溫室氣體排放清單、氣候行動實務規劃及數據化評估氣候風險與脆弱性。例如：臺大BIM（Building Information Modeling）中心，與新北市政府合作，針對八里焚化廠建置碳足跡資料庫，經由碳排量估算認證，有效達成淨零建築開發效能，積極打造永續城市；臺北市發布的「2050淨零行動白皮書」，成立「氣候轉型基金」，議會通過《淨零排放自治條例》等，匯聚了臺大先進公共運輸研究中心，規劃綠色運輸導向的發展。臺北市立大學提供都市空間結構淨零改善面向，紓解南港、內湖交通塞車問題。臺灣南端的高雄市政府，則合作高雄科技大學，提出綠能示範城市；合作義守大學，提出淨零聯盟，成立高雄淨零學院，導入科技的創新力量，布建智慧電表、換裝節電管理系統，有效預警家戶用電情形，改善南方工業排碳挑戰性高的城市治理。

(三) 大學開設「淨零排碳學程」，培育因應氣候變遷的人才

淨零排碳概念的學程，各校名稱不一。但究其共通的核心概念與習得能力，主要圍繞SDGs環境永續概念，循環經濟思維，能源管理能力，連結企業與國際，建立跨領域人才培育基地。因此，修課的範圍與課程架構，多以結合大學目前教學與研究強項，鏈結大學社會責任，聚焦碳管理的理論與實作，建立議題導向（碳管理、循環經濟等）訓練模組課程。部分學校採時數彈性的微學分課程，搭配永續相關議題的平臺或數位講堂，如果要達到頒發「淨零排碳學程」認證，則所修必須達到相當的學分數。此外，清華大學與地方政府、業界三方攜手，運用微軟公司提供的Power Platform作為碳排放量數據演算的整合平臺，成立培力工作坊，並採「淨零轉型管理師」認證。中原大學環工系與「臺灣永續能源基金會」等團體合作，開設「淨零排碳就業學程」，規劃至少修滿十五個環工實務與低碳經濟循環的學分，亦是讓淨零意識融合職涯的努力。晚近，中央大學整合相關系所，關設「永續綠能學院」，更宣示對於淨零轉型人才培育的系統性重視。綜上所述，臺灣為培育因應氣候變遷的人才，大學在開設淨零排碳課程面向，展示了多樣化模式。

(四) 排碳理念融入課綱及大學入學考試命題，提高高中氣候變遷教育的重視

早在108新課綱之前，「碳足跡」、「碳中和」、「碳排放量」等概念，已逐年在學測與指定考科中，散見於自然與社會評量。而自108新課綱之後的大學入學考試，以跨領域、跨學科的方式，更加常見。例如：111年大學自然科學測試題第14題，以森林吸收CO_2的減碳歷程計量，作為淨零概念素養導向的命題背景知識：題目舉辛烷為例，探討在引擎完全燃燒後，轉換為一公畝森林多少天的吸收CO_2的量；又如第37題：以探究實作取向，測量碳在油母質中的殘留百分比，考驗考生是否具備定量分析含碳量的能力；第39題：估計燃煤於大氣中，形成懸浮微粒，對暖化影響的實驗設計；第42題：考「碳循環」；而111年度的生物分科測驗，考了碳循環中的二氧化碳與海洋酸化的概念；112年度自然學測題組：考生被要求提出一個水力發電廠的規劃案，目標是從它

一年可達成CO_2的減排量,進而推算發電機位能與電功率參數。評量涵蓋了地球科學與物理、化學、生物等科。此外,該年社會科題組:各地經常發生的氣候異常現象,與「糧食危機」的關聯性。從上述許多實例發現,108新課綱改革後,大學入學考試與排碳循環或氣候變遷議題的關注度,顯著提升呼應淨零教育,使得高中對於氣候變遷教育的重視程度逐漸提升。

肆 啟示與行動

本研究綜上所述,僅提出七項從挪威發展歷程與周折習得的啟示,也站在教育工作者的立場,闡明七項推動臺灣淨零進步的行動。分述如下:

一、挪威淨零轉型發展對臺灣的啟示

(一) 電動汽車與氫能源動力技術升級,產學研並進改變產業結構

挪威擁有非常豐富的石化能源,挪威地理位置和地形得天獨厚,境內山巒綿延,遍布溪流、峽灣和瀑布,有助於發展水力再生能源。然而,挪威關注帶著走的電力,為了便利運輸,相當重視新能源電池開發,挪威零碳設計從引擎到電池,透過模組化組裝傳動與快速運算系統,逐步實現AI駕駛調度服務。在政府鼓勵下,挪威業界NEL Hydrogen公司啟動全球最大的氫電解槽(Huang, G., Mandal, M., Hassan, N. U., Groenhout, K., Dobbs, A., Mustain, W. E., & Kohl, P. A., 2021),挪威加速能源與綠色轉型:挪威採用鼓勵使用氫能免稅政策,儲氫技術已更為規模成熟,大學開設氫能科技學系,峽灣沿海城市普設加氫站。臺灣氫能源的獲得,主要依靠化石能源,如甲醇、甲烷重組,技術上如何做到零碳還需努力,未來軟體上學界、法人應相繼投入相關科研,硬體上亟待建置的是,安全儲氫運輸管路與基礎液槽設施。

(二) 透過教育政策倡導淨零轉型,激發年輕人對未來永續生活承擔

臺灣向來注重經濟快速成長,許多企業過去「成本外部化,獲利內部化」,習於將供應鏈或物流配送外包,運送或製程產生的廢棄與

汙染，視而不見，缺乏良知關照與社會責任感。挪威與許多北歐國家一致，教育注重環保內涵，從藉由「溫室氣體議定書」（Green Gas Protocol）分類不同的碳排放標準，從小學教育起步，讓未來公民，體認到自己是利害關係人的一分子（Baddipudi, V., 2023），回應淨零無碳的公民行動，自然水到渠成。新冠疫情之後，臺灣意識到運輸距離太長，碳足跡升高了風險；另一方面，數位化與低碳化是全球大趨勢，重視產物備料供應鏈該分散風險，這是經營者過去忽略的隱藏成本。此外，生活上市售休閒飲品，常過度包裝，以各式紙吸管取代塑膠吸管，或不提供紙類或各種材質的餐具。臺灣環保署推動的「碳足跡標籤」認證產品，也是以碳足跡標籤化作識別，有助各年齡層消費者選擇淨零社會轉型，支持參與綠色消費。

(三) 美好健康的環境是生存價值，是現代公民教育的先決條件

氣候變遷議題屢屢成為政治熱點，利益集團以資源換取政治影響力，以實現自身效用最大化，針對引發氣候變遷危機的企業責任訴訟不斷。透過提升法學素養與環境保護條文的周延性，或可緩解環保團體對抗訴訟所產生政治的緊張關係。挪威是議會民主制國家，政府對議會負責，如果議會多數表示反對，政府可能會因投不信任票，被迫辭職。尤其城市治理是應對氣候變遷的巧門，能夠避開國家政治的僵局，展現規模較小，但十足靈活的淨零服務。淨零排碳建設在奧斯陸試點取得成功後，挪威國家當局開始考慮將其擴大到全國。臺灣企業是公民經濟活力的展現，可以透過淨零轉型的文化設計，影響社會、貼近生活，例如：食品、建築、物流、金融、時尚、消費性電子產品、汽車等產業，更能在工作日常付諸減碳行動。2023年8月臺灣碳權交易所成立，加速了業界淨零轉型的腳步。造紙業過往被視為高碳排產業，有機會因投資風力發電機組或造林，而獲得綠電憑證；水泥業因為製程也是排碳大戶，若投入鋰電池研發或餘熱發電，那也可以新技術拚拿碳權，走出一條淨零轉型大道，達到節能減碳目的。

(四) 淨零轉型過程綠色能源與環境保育雙向必須兼顧

　　向綠色能源的過渡不應以犧牲原住民的權利爲代價。挪威水力發電設施已經飽和，陸上風電場蓋在薩米族（Sami）游牧馴鹿的土地約150餘座風電渦輪機，渦輪機的外觀和噪音嚇到馴鹿（Hansen, K. L., Melhus, M., & Lund, E., 2010）。此外根據國際公約，人權及原住民權益更使問題趨於複雜，挪威最高法院基於保育與文化權利，後續吊銷了兩個風電場的營運許可證。反觀臺灣離岸風場密集的彰化，每條海纜對接陸地，都需要系統規劃，以避免可能線路交錯，或絞網爭議；最敏感的是影響海岸生態跟漁業養殖，當離岸風力電場與漁場大面積重疊時，應落實漁業聯絡制度與環境衝擊紓解方案，不遺落任一方的能源轉型，才是公正轉型。又如桃園大潭興建燃氣電廠，爲了就近從港口供氣給電廠，卻影響多孔隙又獨特的藻礁地景，造成環保與能源難以兩全的取捨。因此，在提升總發電容量達成商轉的過程，包含生態監測、地質海象調查、漁業水文等都需審愼評估，以求能源開發與生態環保兼顧。

(五) 透過海洋養殖風險控管，推動永續產銷的海洋食品來源

　　在全球都面臨魚源枯竭的狀況下，以海岸線綿長的挪威來說，如何以更科學永續的方式經營漁業，是個重要課題。不只沿海漁民、鮭魚釣魚者、戶外愛好者，以及廣大挪威家庭利用峽灣進行休閒活動。然而，氣候變遷劇烈下，與水產養殖相關的環境危害影響因素眾多，經常缺乏實證數據，需要多學科專家的投入。爲了降低水產養殖風險，擁有低碳捕獲的海產，挪威依照其經濟價值，將海洋魚種分類，如鱈魚、鯖魚等，各訂管理目標，嚴格的配額制，控制捕撈數量，讓發展與保護並重（Andersen, L. B., Grefsrud, E. S., Svåsand, T., & Sandlund, N., 2022）。海洋藻類可以固存二氧化碳和吸收熱量，亦是重要的海洋碳匯。臺灣四面環海，在漁業政策與海洋生態保育上，更需取得平衡。選購近海養殖低碳排的海鮮，有當季、在地現撈的優勢，然而部分魚種則需出海捕撈，若是遠洋的時間長，油耗主要來自引擎，若以現有技術，實難以改善對漁船本身減碳。其次，夜間作業改用LED捕漁燈；再者，以臺灣的日本料理店常見的秋刀魚、鯖魚或是其他生魚片魚料來

說，容易敗解產生有毒組織胺，因此遠洋漁船要能提供-60°C的冷凍設備，或運用「抗凍蛋白」除去冰晶的技術，才能提升低碳保存漁獲的效率。如何透過海洋養殖風險控管，達成臺灣海域永續海洋食品來源，挪威的先進技術值得借鏡。

(六) 創新永續的去碳化能源系統，應從集中單極式轉型為分散式

挪威地廣人稀，風能與太陽能資源，廣泛用於南部用電需求較高的地區。尤其水力發電能力充沛，可彈性地迅速調度，能系統性與再生能源做搭配，對於供過於求時，還能透過跨國電網出口。臺灣電力系統過去單一集中管理配送，倘若偶遇突發事件或意外災害，脆弱而容易大規模斷電，若依照地緣自然環境屬性，隔成彈性能源社區，兼採水力、火力、風力、地熱開發、太陽能光電等綠能，當可分散風險。例如：南部許多縣市的學校建築，施作屋頂層之太陽能光電發電系統，混合採用了單晶矽太陽電池模組與透光式建築整合型太陽電池配置，一則保有自然陽光灑落效果，另則安裝方式也兼顧雨水回收再利用。除具發電效益展望未來，更應善用智慧配電網，將再生能源改採小規模、分散式，相互補給配電，更顯安全永續。

(七) 大眾運輸動力技術升級，交通改善有效降低碳排

奧斯陸擁有電動車的市占率超過50%，榮獲「世界電動車之都」的美譽，甚至通勤挪威峽灣地段的渡輪，也配備直流／交流逆變器控制的輪機，全面電氣化，透過提高能源效率降低能源成本，以更清潔、更環保的方式，在挪威水域航行的國家渡輪必須使用零碳科技，以達成淨零排放目標。以新北與臺北兩市為例，過去以油電混合動力為主，晚近採取補助公車業者換裝新時代純電公車，結合新科技應用並配合防疫新生活，升級運輸管理系統，配備防撞等安全警示系統，引導公車防疫及綠能運輸服務再升級。除了公車外，包括捷運、輕軌等多種低碳移動工具，串聯城鄉共同生活圈，整合交通、旅宿、商家、農漁休閒綠能旅遊產業鏈，開發綠色在地商機，未來環島的藍色水上公路，應該仿效挪威，逐步邁向電氣化。

二、教育行動

(一) 強化淨零轉型政策支持系統，蔚成良性促進淨零生態

雖然臺灣政府力推能源轉型，但根據2023年審計部在總決算的報告中評估，事實上包括漁電共生、天然氣儲槽容積、離岸風力發電與中南部面積遼闊的太陽能板，皆呈現進度遠遠未達預期目標。或急就章勉強開發，或以就地合法方式躁進達標，帶來粗糙的轉型歷程。然而教育行動可以發揮其角色，成立綠色學校夥伴網路平臺，設置「氣候變遷與淨零轉型資源」專區，一方面精進縣市教育局所屬，環境教育輔導團運作效能，對接中央永續發展政策，盤點可用資源，辦理滾動修正式的培訓與授證；另一方面，增補臺灣「SDGs永續學校」關於淨零行動的指標，獎勵通過認證的各級典範學校分享。

(二) 深化教師淨零轉型的知能，充實排碳能源教育素養

臺灣在所謂「2025非核家園」政策中，再生能源不足，顯示能源配比中石化材料仍高居80%，而面對歐美設下的排碳高牆，臺灣以出口為導向的經濟型態恐難為繼。教育政策應檢討現行中小學課綱中，因應「氣候變遷」、「淨零排放」、「永續發展」等議題，進一步發展與先進國家同步的跨領域擴充教材。因此，設置教師將永續發展概念，融入教學課程的獎勵辦法，有其時代意義。地方政府層級以上宜舉辦相關研習，連結跨校跨領域教師社群，國立教育研究院可邀集相關學者專家，與一線實務教師對話，共同撰寫淨零轉型的自然與社會教材。

(三) 激發學生從事淨零環境的實踐，開展達成低碳生活的社會關懷與責任

可由中央政府層級主辦「淨零轉型青年領袖論壇」，針對本土氣候與排碳能源對策展開對話，輔以線上學習擴大參與，表現優異者獲選送至先進國家交流，深化淨零教育成果。鼓勵中學生進行社區低碳環境的田野調查，發掘「在地永續環境的問題與解方」，作為社會關懷導向自主學習計畫「學習歷程檔案」選項實踐，展現多元表現活動的豐富活力，鼓勵未來大學端在申請入學審查上予以適度肯定。透過各種潛移默

化方式，進而追求一種更永續安全的人類社會，淨零概念成爲年輕人的
生活的良好習慣。

(四) 透過結合生態保育的食農教育及海洋教育，推動在地產銷的低
　　碳經濟

臺灣豐富的漁產，爲人民提供優質的蛋白質來源，更應該關注海洋
漁業環境的維護，仿效挪威在「海洋垃圾和微塑料防治發展」立法，
在教育行動上推動健全的食農教育，在健康促進與淨零生活上是極富意
義的。此外，由於緯度差異，臺灣有別於挪威，珊瑚礁爲許多海洋魚類
繁衍與其獵物的生長地，受到碳排放增加，致使海水溫度上升、沉積物
的增加等，甚至人爲破壞性捕撈，都是造成臺灣沿海珊瑚礁浩劫的因
素。因此，小學宜將淨零排碳的生態系統保護，納入課程體系，自小提
升國民保護珊瑚礁的積極意願和主動性。有了健康生態的海洋，確保
魚源豐富不至於枯竭，考量在地需求，就近供應，價格實惠，原料安
全。鄉鎮農會結合各級學校，提供低碳營養午餐，扎根去碳化的食農教
育，設置智能農業產銷中心，推廣在地產銷的低碳經濟，可活絡內需經
濟活動。

(五) 推動能源教育，需兼顧開源與節流思維

臺灣教育部根據聯合國教科文組織，針對SDGs教學者資源網
站中所列大趨勢（https://en.unesco.org/themes/education/sdgs/mate-
rial/07），撰寫成臺灣本土《永續發展目標（SDGs）教育手冊》。然
而，以校園教室內「班班有冷氣」的現狀，因空氣對流不足，導致課
室空間的空氣品質堪憂，或擔心開窗增加耗電，實測細懸浮微粒PM2.5
也在超標邊緣。臺灣新竹市環保局具前瞻思維，在科園國小教室安裝
「智能新風系統」，能自動偵測二氧化碳濃度，以高性能的DC變頻，
高效過濾淨化室內空氣，過程中師生以「熱交換」等主題，透過設施改
善，提升能源素養，增益低碳環境的學習。

(六) 關注氣候變遷因應法規的修訂，全民參與氣候治理大未來

臺灣在2023年將《溫室氣體減量及管理法》名稱修訂爲《氣候變遷因應法》（賴炳樹，2023）；並以五年一期方式，研訂階段管制目標，檢討落實與國際接軌。其中與教育角色最相關的，第五章「教育宣導及獎勵」，其內容要點集中在認知及宣導工作。事實上，徒法不足以自行，需要更多教育自發力量挺身而出，在各大學中有臺灣大學氣候行動社、清華大學自然保育社、中央大學綠聚人社等，青年學子自發性組成的環衛社團，對於相關立法的關心、對於實踐淨零轉型正義，都投入熱血熱情，展現明日氣候領袖的承擔。此外，文化大學在一項對新北市萬里國小的伴讀計畫中，大氣系爲幼童安排氣候變遷教育，建築系爲北海岸教室提供循環設計課程，實踐了大手攜小手的社會責任。

(七) 教師宜將世界觀納入教學和課程中，陶冶全球公民價值驅動的基礎

環境議題漸趨普世價值，教學允許學生學習個性化，確保帶來更多批判反省的聲音。教學必須整合校內外資源，增強教師對可持續發展目標的情感和技能思維，師培中心的教學必須通過SDGs的實踐，加深教師對SDGs的理解和思考（謝念慈，2023）。一項由挪威科學院和挪威國家石油公司的資助研究，發現挪威Langtjern河流附近的溼地，菌類能吸附甲烷，而這也是大氣中CH_4的重要來源，這些知識會通過學校教育被教導。類推至臺灣，在臺北市溼地，包含關渡自然保留區、社子島等。鄰近溼地景觀的學校如大理高中，就可以結合淡水河華江溼地、雁鴨公園步道，有效活絡生態營造及加強保育體驗教學，可以隔洋視訊分享國外姊妹學校，涵化溼地碳匯概念的推廣。

伍 結語

本文從研究淨零模範生挪威的努力歷程與向度，思考臺灣可以借鏡的走向。擬透過教育的力量，倡導一種「淨正向」（net positive）思維的良心習慣，整合政府治理者、工商企業經營者、消費者與相關社會團體，以民爲本，負起影響社會環境的責任，從而制定利他永續淨零發

展的運作（Baddipudi, V., 2023）。環顧108課綱氣候變遷議題的相關教學，主要在國小、國中、高中各年段的自然或社會學科，步調緩慢而散落，所幸，隨著淨零轉型入法，各級政府政策宣示，社會共識凝聚，教育團體對於推動淨零概念的落實，許多有心有力的環教工作者投入，臺灣邁向淨零生活正在覺醒。本研究秉持教育人的使命感，期待氣候治理逐漸的被關注，希望更多排碳概念與實作，納入更系統性學科統整，促發一個淨零轉型的美麗新社會。

參考文獻

（一）中文部分

方俊德（2023）。臺灣淨零碳排路徑初探。**臺灣經濟研究月刊，46**(1)，13-20。

李明昆（2017）。全球氣候變遷議題融入技職大學生通識課程教學之研究。**通識學刊：理念與實務，5**(1)，1-33+35-36。

官生平、杜台麗（2023）。淨零策略下的產業發展與轉型。**品質月刊，59**(2)，29-37。

徐瑋成（2022）。臺灣淨零轉型與能源發展之課題與挑戰。**臺灣經濟研究月刊，45**(4)，35-42。

教育部永續循環校園全球資訊網（2020）。**永續校園計畫簡介**。取自https://www.esd-taiwan.edu.tw/ESDintro. asp

賴炳樹（2023）。韌性城市，淨零城市與氣候變遷因應法。**土地問題研究季刊，22**(1)，151-159。

謝念慈（2023）。建構SDGs融入師資培育中心教育學程課程與教學的思維。**教育研究月刊，349**，35-53。

（二）外文部分

Aasheim, E. T., Bhopal, A. S., O'Brien, K., Lie, A. K., Nakstad, E. R., Andersen, L. F., ... & Banik, D. (2023). Climate change and health: a 2-week course for medical students to inspire change. *The Lancet Planetary Health*, 7(1), e12-e14.

Andersen, L. B., Grefsrud, E. S., Svåsand, T., & Sandlund, N. (2022). Risk understanding and risk acknowledgement: A new approach to environmental risk assessment in marine aquaculture. *ICES Journal of Marine Science, 79*(4), 987-996.

Andersen, A. D., & Geels, F. W. (2023). Multi-system dynamics and the speed of net-zero transitions: Identifying causal processes related to technologies, actors, and institutions. *Energy Research & Social Science, 102*, 103178.

Asgarian, F., Hejazi, S. R., & Khosroshahi, H. (2023). Investigating the impact of government policies to develop sustainable transportation and promote electric cars, considering fossil fuel subsidies elimination: A case of Norway. *Applied Energy, 347*, 121434.

Baddipudi, V. (2023). *Net positive: How courageous companies thrive by giving more than they take*. Published Online: 20 Jun 2023. https://doi.org/10.5465/amle.2023.0093

Bhaskar, A., Abhishek, R., Assadi, M., & Somehesaraei, H. N. (2022). Decarbonizing primary steel production: Techno-economic assessment of a hydrogen based green steel production plant in Norway. *Journal of Cleaner Production, 350*, 131339.

Bjørgen, A. M. (2022). Tablets in two Norwegian primary schools: Is it time to consider young pupils' framings of using tablets in education? *Education 3-13, 50*(7), 954-965.

Elkorghli, E. A. B., & Bagley, S. S. (2022). Cognitive mapping of critical global citizenship education: Conversations with teacher educators in Norway. *PROSPECTS*, 1-18.

Farstad, F. M., Hermansen, E. A. T., Grasbekk, B. S., Brudevoll, K., & van Oort, B. (2022). Explaining radical policy change: Norwegian climate policy and the ban on cultivating peatlands. *Global Environmental Change, 74*, 102517.

Freire, P. (1970). *Pedagogy of the oppressed* (MB Ramos, Trans.). New York: Continuum, 2007.

Germeten, S. (2011). The new national curriculum in Norway: A change in the role of the principals? *Australian Journal of Education, 55*(1), 14-23.

Gullberg, A. T., & Skodvin, T. (2011). Cost effectiveness and target group influence in Norwegian climate policy. *Scandinavian Political Studies, 34*(2), 123-142.

Hansen, P. J. K. (1996). *" Alle snakker om været...": en teoretisk og empirisk undersøkelse av grunnskolens undervisning i vær og klima og elevenes forståelse av emnet.* Høgskolen i Oslo.

Hansen, K. L., Melhus, M., & Lund, E. (2010). Ethnicity, self-reported health, discrimination and socio-economic status: A study of Sami and non-Sami Norwegian populations. *International Journal of Circumpolar Health, 69*(2), 111-128.

Haugen, F. A. (2016). *The environmental management system of Norway.* University College of Southeast Norway.

Haugen, H. A., Eldrup, N. H., Fatnes, A. M., & Leren, E. (2017). Commercial capture and transport of CO_2 from production of ammonia. *Energy Procedia, 114*, 6133-6140.

Høyland, S. A., Kjestveit, K., & Skotnes, R. Ø. (2023). Exploring the complexity of hydrogen perception and acceptance among key stakeholders in Norway. *International Journal of Hydrogen Energy, 48*(21), 7896-7908.

Huang, G., Mandal, M., Hassan, N. U., Groenhout, K., Dobbs, A., Mustain, W. E., & Kohl, P. A. (2021). Ionomer optimization for water uptake and swelling in anion exchange membrane electrolyzer: Hydrogen evolution electrode. *Journal of The Electrochemical Society, 168*(2), 024503.

Jikiun, S. P., Tatham, M., & Oltedal, V. M. (2023). Saved by hydrogen? The public acceptance of onshore wind in Norway. *Journal of Cleaner Production, 408*, 136956.

Ko, I., Dolšak, N., & Prakash, A. (2022). Have renewable energy leaders announced aggressive emission reduction goals? Examining variations in the stringency of country-level net-zero emission pledges. *PLOS Climate, 1*(11), e0000094.

Larrue, P., & Santos, R. (2022). *Towards a new stage in Norway's science, technology and innovation system: Improving the long-term plan for research and higher education.* OECD Science, Technology and Industry Papers, No133, OECD Publishing, Paris.

Lind, A., & Espegren, K. (2017). The use of energy system models for analysing the transition to low-carbon cities: The case of Oslo. *Energy Strategy Reviews, 15*, 44-56.

Lund, A. (2021). The Norwegian Ministry of Education and Research's action plan for digitalization in primary and secondary education and training: Appraisal and critique. *Nordic Journal of Digital Literacy, 16*(1), 34-42.

Mitigation, C. C. (2011). IPCC special report on renewable energy sources and climate change mitigation. *Renewable Energy*, *20*(11).

Ministry of Climate Environment (2017). Prop 77 L (2016-2017) Lov om Klimamål (Klimaloven). Available online at: https://www.regjeringen.no/(accessed July 2, 2017)

Ministry of Education and Research. (2017). Core curriculum - Values and principles for primary and secondary education. https://www.udir.no/lk20/overordnet-del/?lang=eng

Ministry of Education and Research. (2020). Curriculum in Norwegian (NOR01-06). https://www.udir.no/lk20/ nor01-06?lang=eng

NILU (2018). *Monitoring of long-range transported air pollutants in Norway*, NILU report.

Sadeghi, H., & Singh, R. M. (2022). Driven precast concrete geothermal energy piles: Current state of knowledge. *Building and Environment*, 109790.

Statistic Norway (2021). Utslipp til Luft. Available online: https://www.ssb.no/klimagassn (accessed on 23 April 2021).

Sundby, A. H., & Karseth, B. (2022). 'The knowledge question' in the Norwegian curriculum. *The Curriculum Journal*, *33*(3), 427-442.

Svarstad, H. (2021). Critical climate education: Studying climate justice in time and space. *International Studies in Sociology of Education*, *30*(1-2), 214-232.

Tourism Satellite Accounts. Statistic Norway (2021). Retrieved July15, 2021 from https://www.ssb.no/en/nasjonalregnskap-og-konjunkturer/nasjonalregnskap/statistikk/satellittregnskap-for-turisme

Voigt, C. (2021). The first climate judgment before the Norwegian Supreme Court: Aligning law with politics. *Journal of Environmental Law*, *33*(3), 697-710.

問題與討論

一、淨零轉型的社會常需要過程正義，教育工作者如何導引學生實踐公正
性，發揮教育永續發展的力量？

二、從挪威淨零轉型前瞻布局，展望臺灣本土是否也有新興產業，能成為
年輕人未來可以發展的事業，從生涯輔導觀點，您如何指導孩子在中
學生時期做好準備？

三、如果您是學校行政主管，您有哪些活動模式可以融入低碳愛地球精
神，以培養孩子更有淨零轉型素養？

第二篇
教育實務篇

第六章

十二年國教國民中小學校長公開授課領導角色定位與領導作為

顏國樑、葉佐倫

壹　緒論

　　自2014年教育部發布《十二年國民基本教育課程綱要總綱》實施
要點規定：為了持續提升教學品質以及學生學習成效，並形塑同儕共學
的教學文化，校長每學年應在學校或社群整體規劃下至少公開授課一
次，並進行專業回饋（教育部，2014）；教育部國民及學前教育署則
直接明定現職國民中小學校長為應進行公開授課之人員。此規定為臺
灣教育開啟新的里程，將教師與校長上課前備課、公開授課、共同議
課，成為必要的一項專業同儕共學。此規定校長要實施公開授課，其擔
任行政主管時間較長並未有實際授課班級，是否能夠勝任與達成公開授
課之目的仍須進一步釐清。

　　公開授課是指授課者共同備課後，打開教室的門進行觀課、議課
（教育部，2017），在友善、互信的氛圍下和同儕討論，看見自己教
學的不同面向，激發改進的動力，提升課程與教學的視野。校長為首席
教師以教學領導為主，與教師們共同備課、議課之歷程（國家教育研究
院，2016）。當然，公開授課不能流於形式上，應內容重於形式，解
釋重於宣導，省思重於績效（劉世雄，2019）。是此，校長領導思維
不能僅有教學領導，如學習領導、課程領導等，最終是要幫助教師改進
教學和促進學生學習。公開授課能獲得國中小學校長的高度認同（顏國
樑、謝翠霞、宋美瑤，2019），是因校長以身作則，與教師互動的時
間增加，透過教學與課程引起教師的對話（張民杰、賴光真，2020；
劉世雄，2019；潘慧玲、陳文彥，2018）。

　　公開授課對校長而言是已經實施的政策，如能換個正面心態接受，
並落實政策提升專業學習，雖然離開教學現場又回到課室講臺，對領
有教師證的專業人員而言應樂於接受。公開授課主要是以學生學習為中
心，以期引領教師共同成長，進而創造新知識，並能將教育初心提升
至教育志業（許以平，2020）。本研究動機源自對十二年國教國民中
小學校長公開授課其角色定位，如何體現較符應其角色，以及如何透過
領導使校內教師接受公開授課，進而帶領提升教師專業發展（profes-
sional development），以期提升有效教學與學生學習成效。而如何有

效地實施校長公開授課（熊治剛、伍嘉琪，2018），或是校長公開授課會遇到的挑戰（顏國樑、閔詩紜，2018），在於考驗校長的智慧與領導風格。至於校長親自公開授課是否是教學領導的必要作為，自然非是唯一路徑，舉凡觀念溝通、會議主持、舉辦研習、巡堂等均為其可行路徑。校長教學領導也有發展教學目標與任務、確保課程品質、確保教學品質、促進教師專業發展、增進學生學習氣氛，以及發展支持的工作環境等多個層面（李安明，2016）。對於十二年國教政策下校長的公開授課，與教學領導或課程領導及學習領導的相關性，以及領導作為為何，是本文探討的重點。

貳　國民中小學校長公開授課的意涵與價值

一、國民中小學校長公開授課的意義

(一) 校長公開授課的意義

校長身為學校的領導者是學校的靈魂人物，其所關注之教育理念與經營模式，將會引導學校的風格取向。張德銳、丁一顧（2000）指出，校長是教育政策的執行者、學校的靈魂以及重心所在，其領導品質深深影響學校的辦學品質。因此，校長在這項政策的執行上，若能成為一位學習領導者，帶頭進行公開授課，能使教學現場的教師們更加有信心提升專業成長，在這一波的改革中，具有引領師心、穩定師心的用意。

綜合劉芯玓（2022）、劉玳君（2021）、顏國樑、閔詩紜（2018）的看法，所謂校長公開授課，係指透過校長備課、說課、公開觀課、共同議課的公開教學過程，在共學的教學文化氛圍下，與校長同儕或教師互相合作、分享、對話教學經驗。其旨在透過校長公開授課，展現課程教學與學習領導的專業知能，激勵教師持續專業成長，進而提升學生學習效果。

換言之，校長公開授課的意義為校長身為教育的領航者，兼具學校行政領導者、課程與教學領導者的領導角色，除了重視教學活動之外，亦包含透過重塑校長的專業形象，藉由公開授課展現課程與教學領

導的能力，營造同儕共學的教學文化，最重要的是必須回歸教與學的本質，讓教師體會如何從共同備課、觀議課的進行中改善學生學習品質，才能夠發揮校長公開授課的價值。

(二) 校長公開授課的內涵

1. 校長公開授課的實施方式：因為校長的角色與職責不同於教師，校長公開授課的實施方式與教師公開授課可有不同的作法，宜不拘泥於依據班級進度之方式進行，可採用彈性課程時間，搭配學校彈性課程，進行主題統整式的課程，讓所有領域教師都能有機會共同參與校長公開授課，並與校長進行專業對話。另外，也可以進行課程與教學工作坊來傳達某項課程與教學之理念與實務（顏國樑、閔詩紜，2018；顏國樑、謝翠霞、宋美瑤，2019）。

2. 校長公開授課的過程：校長公開授課的實施過程與教師公開授課過程相似，包括共同備課、說課、觀課、共同議課（潘淑琦，2019；顏國樑、謝翠霞、宋美瑤，2019）。

(三) 校長公開授課的價值

打開教室的大門，進行公開授課，教師經驗交流，透過專業對話，提升教學品質，課堂研究三部曲（教師備課、公開觀課、共同議課），要如何不流於形式，真正有效提升教師專業發展，在過去這幾年已逐漸在臺灣的校園內持續發酵，並且影響教師間彼此專業成長的動力。

然此規定對教育現場的教師們，不乏仍有觀念還停留在過去教學觀摩的印象，認為公開觀課是讓他人評論教學好壞，進而有抗拒、不願積極的接受規定公開觀課的專業成長，在此校園氛圍之下身為校園領導者，要如何帶領教師們向前邁進一步，成為了一項重要的課題。

校長公開授課本身是手段而非目的。校長公開授課的功能不必過度誇大，不可能透過每年一次的公開授課，即可協助老師讓每位學生的學習都達成學習之目標。但實施校長公開授課仍有以下的重要價值（吳麗君，2019；潘淑琦，2019；蔡懷萱等人，2021；劉芯玓，2022；劉玟

君，2021；Coenders & Verhoef, 2019；Tang, & Lim, 2015）：

1. 展現校長課程教學與學習領導的專業形象：校長要進行公開授課，應率先參與各項相關研習，瞭解教師專業發展方向，學習如何備課、觀課及專業回饋，以及如何透過十二年國教課綱、專業學習社群、課程發展委員會、分組合作學習等進行公開授課，引導學校教師採取有效的教學策略、班級經營策略和學習評量方法，發揮課程教學與學習領導的專業形象。

2. 以身作則，帶動教師專業成長：校長每學年進行公開授課，在過程中校長不僅擔任領頭羊的帶領角色，更在實際的授課過程中，瞭解學校應給予教師公開授課的支持，以及形塑全校公開授課的氛圍，促進教師公開授課的積極與有效參與，帶動教師不斷專業成長。

3. 形成校園教學分享合作之共學的學校文化：校長公開授課重點在於積極主動與教師們共同備課、觀議課的分享、互動及討論，營造教師間社群與同儕協作的氛圍，讓教師感受校長對課程與教學的重視，大家聚焦在學生學習的專業對話，討論校長公開授課的盲點與限制，在互動中反思自身的教學與課堂上發現課程教學的實務困境，並共同思考解決與改進之方法，以提升教學品質，提高學生學習成效，達成學校的教育目標。

參　國民中小學校長公開授課的領導角色定位

一、校長公開授課的領導角色定位

在社會殷切期盼下，校長是學校教育成敗的關鍵性領導角色，其肩負著學校教育改革，並戮力提升教育品質的責任。其不僅是一位專業領導者，面對外部衝擊與內部壓力雙重夾擊，不能僅憑原有的專業認知去面對未知情形的挑戰，是故必須於專業能力上持續成長發展。首先從觀念上樂於探索、學習、反省，落實實踐中崇尚務實且兼具創新思維，更應具備時代所需的專業能力，基於此校長公開授課具有教學、課程、學習領導的角色（歐用生，2017；顏國樑，2020）。要言之，身為時代

變遷的學校領導者，若能接受適切且有效的專業發展，並能與時俱進提升校長專業力，方能迎接時代的衝擊與挑戰，成功扮演關鍵性角色。學校效能的良窳校長居於關鍵地位，隨著社會變遷與科技發展以及教育變革，校長的角色愈來愈複雜，其任務愈來愈繁重必須有所調整與轉變，才能有效勝任校長領導工作（謝傳崇，2011）。

校長為教育領航者，不僅是學校的經營領導者，也兼具學校首席教師的身分。然而以往校長常偏重行政領導而忽略教學領導的重要性，致使社會大眾產生校長只重行政的負面印象。因此，校長必須落實教學領導之功能，以身作則，透過公開授課，藉由共同備課、觀課、議課，同時促使教師進行專業對話，激發學校教師教育熱忱，提高教師公開授課之意願，以協助教師專業發展，提升教學品質與學生學習成效，以達成學校的教育目標（李麗琦，2012）。

今日校長的身分除原有行政首長之外，也具有首席教師身分。若以學校事務主要分為行政與教學，校長身為一所學校的領導者，近年大多關注於行政領導的範疇，但教學領導亦是重要的領導；在《十二年國民基本教育課程綱要總綱》實施要點規定：校長須每學年進行一次的公開授課與專業回饋，在教育現場中，校長往往遠離教學現場已有一段時日，因此校長在十二年國教中公開授課的角色如何定位，以行政首長之行政管理、首席教師之教學領導，引領改革、拋磚引玉、安穩師心，使行政支持教學，教學成就學生。

校長已被賦予學校的「行政首長」與「首席教師」兩種身分，校長在學校行政方面，具有綜理校務之責，對各處室進行分配工作，分配後由各處室執行與落實，因此校長處於領導與考核的地位，亦為行政管理者。在教學方面，校長為教師首席，是學校在教學上的領導者，如能以身作則進行公開授課，定能發揮拋磚引玉的效果，教師們對政策的憂慮或排斥得以緩解，透過公開授課，藉以激勵教師們願意參與共同備課、公開觀課和共同議課，不僅是樹立校長在教學領導的典範，更是對校內教師進行公開授課的一種肯定與認同。

二、校長公開授課相關領導取向分析

國中小學校長公開授課與教學領導、課程領導、學習領導三種領導取向相關聯，以下針對這三種領導取向與啟示加以分析。

(一) 教學領導的角色定位與啟示

從校長教學領導（instructional leadership）廣義來看，舉凡有關協助教師提升整體教學成效，或是促使教師做出教學改變的直接或間接之領導行為之願景理念及目標、策略（行政支持、授權專業學習社群運作、促進教師專業發展、診斷評鑑機制），以及方法（學科專業對話、指導、資源、行政措施）等，只要兼顧並通盤考量學校整體教育與教學目標和教師專業之需求，且是教師所引領或帶領之教學領導樣態，皆可稱為教學領導（楊振昇，2018；顏國樑、閔詩紜，2018；Sheppard, 1996）。校長教學領導愈良好，教師教學效能愈佳；教師專業成長愈高、學校組織文化愈積極、正向。校長除營造學習氛圍與鼓勵教師參與之外，更要親身投入，方有助於教師實質教學效能之展現（吳慧蘭，2016；劉亮宏，2018；Greenfield, 1987）。

校長教學領導觸及教師教學專業知能改善與提升，因此在講求專業之提升外，更宜結合情感、人際之聯繫，透過行政與教師之間的頻繁互動、和諧且開放的對話溝通，以尊重教師專業自主為首要（顏國樑、閔詩紜，2019）。因此，校長公開授課宜摒除正式權威的角色，主動率先進行公開授課，以同儕協作的方式，積極與教師們共同備課、觀議課的分享與討論，營造學校共學的文化氛圍，也讓教師感受到校長對公開授課的重視，不僅精進校長本身教學專業，也促進教師教學專業成長。

(二) 課程領導的角色定位與啟示

校長課程領導（curriculum leadership）的定義是課程持續發展的歷程，期間需要盱衡學校組織文化與制度結構、學科領域之性質、環境趨勢，以及整合校內外資源等，並透過課程發展、設計、實施、評鑑、修正等之系統化操作，以增進課程品質和學生學習成效（林愛

玲，2018；顏國樑、閔詩紜，2019）。校長親自參與課程並帶頭示範進行課程領導，有助於提升組織學習、學校創新經營效能、教師教學專業發展等（何高志，2017；黃富陽，2019）。

校長課程領導的角色，除了對課程發展的領導之外，可藉由校內教師專業發展支持系統，提升教師對學校課程發展的瞭解與實施。因此，課程領導對校長公開授課的啟示在於，校長運用本身必須公開授課的機會，透過實際課堂參與、備觀議等階段，理解教師於課程內容的選擇與教學的作為及安排，並適時給予課程設計的想法與建議，也可結合課程教學工作坊進行公開授課，傳達某項課程的理念，以及配合學校彈性課程、學校學習扶助、學校社團活動上課。

(三) 學習領導的角色定位與啟示

校長學習領導（leadership for learning）之定義，係指校長運用其專業知能、行政職權、組織管理與分布式領導策略等，掌握以學生為學習的關鍵，透過校內成員的合作、共享，持續專業發展，致力於改善和增進師生有效教學與學習成效的動態歷程（吳清山、林天祐，2012；潘慧玲、鄭淑惠，2018；顏國樑、閔詩紜，2019；Hallinger, 2011）。校長學習領導的實踐，不僅僅是在強化領導與學習的連結和影響，透過組織間的合作、共享與責任共擔之學習，有助於提升教師教學效能，進而間接改善學生的學習（林明地，2013；陳添丁，2018；許以平，2020；Leithwood & Louis, 2012）。

學習領導對校長公開授課的啟示，在於提醒校長公開授課的核心是以學生為中心，關注學生的學習效果。一般來說，教師的職務主要負責教學工作，學生接觸教師教學自然較多；但校長職責主要綜理全校校務，鮮少進行實際教學，因此學生較少有接觸校長授課的機會，因此校長公開授課對學生學習來說具有好奇與新鮮的吸引力。因此，校長可以運用公開授課，除了與教師一起探討學生學習的各項議題之外，並可利用實際教學，與學生有面對面接觸的機會，運用適當教學方法，引發學生學習興趣，提升學生學習效果。

肆　國民中小學校長公開授課的領導作為

為落實十二年國教國民小學校長公開授課的領導作為，以下分成校長個人專業與領導作為方面說明如下（蔡懷萱等人，2021；蔡麗萍，2019；劉世雄，2018、2019；劉芯玓，2022；劉玳君，2021；顏國樑、閔詩紜，2018；顏國樑，2020; Lee & Madden, 2019）：

一、校長個人專業方面

(一) 校長本身宜正向看待校長公開授課

校長本身願意執行是推動校長公開授課成功的重要條件。因此，校長應正視公開授課，在現行的法令規範下，校長確實難以拒絕此任務（蔡懷萱等人，2021）。所以，校長宜轉換看待校長公開授課的想法，例如：校長公開授課是校長接近學生最好的時機，做好課程銜接不影響教學正常運作；把握身為教師的教學機會，樂見課程教學的分享與共學等。摒除觀望、質疑與反對等的負面心態，改以積極、正面的方式去迎接校長公開授課，對於自己公開授課後的各種回饋，不論正負向評價，皆無須過度糾結，應寬心接受，因為校長授課要比平日即熟稔於課程、教學與學生的教師還表現突出，確實是有相當難度。因此，也無須過於苛刻自己，以平常心看待，對於久未涉入教學而願意踏出舒適圈的自己，應多予以肯定與自我鼓勵。

(二) 校長務必瞭解課程與教學設計的內涵與學習歷程原理

校長是教學、課程及學習領導者。校長不一定要知道每一學科領域，但必須要對課程與教學設計的組織原則有充分瞭解，課程設計是指課程內容設計，亦即學生學習內容的選擇、組織及安排，也包含課程的結構與要素；而教學設計是指教學活動設計，將活動的組織作連結，形成教學活動步驟。此外，校長也要知道學生的學習歷程原理，關注學生學習的認知思考歷程，藉此瞭解各種教學策略，以便與校長同儕或教師共備觀議課提出討論（劉世雄，2018）。

(三) 瞭解教師教學需求與克服教師抗拒公開授課的原因

校長應具有善於發現的眼睛，用心觀察教師教學需求，以貼近教師的心。校長忙於校務之際，應盡力瞭解每一位教師在教學上的需求；或許是教學設備上的欠缺、教學知能上的盲點等，貼近教師的教學日常，用心發現個別教師的需求，瞭解其教學上的困境，並協助其解決，如此一來，教師不僅能感受到學校對於自己的關照，更能有助於學校友善氛圍的建立（劉芯玓，2022；劉世雄，2019）。

(四) 依據公開授課結果，落實校長專業成長計畫

為避免校長公開授課流於形式化，在公開授課或者領導課程發展、彈性課程、特色課程等之後，應依據公開授課與其他課程教學領導的結果，校長宜提出專業成長計畫並加以落實，主動積極參加研習或工作坊，以發揮校長課程教學與學習領導的角色，有效促進校長本身課程與教學專業成長（顏國樑、閔詩紜，2018）。

二、校長領導作為方面

(一) 營造友善且自由和諧對話的氛圍，以利公開授課的實踐

學校面臨困境可採取的解決策略，以建立校園友善的公開授課的對話氛圍為最佳（顏國樑，2020）。學校端友善且自由和諧對話的氛圍，有賴校內的每一位同仁，共同努力來形塑。在校長公開授課上，校長宜放下校長身分與教師平等對話，使得教師無須懼怕校長職權而不敢予以專業回饋，唯有校長與教師能平等且和平地共同針對課程、教學與學生學習一同齊心討論，才能有助於校長與教師在教學上的專業成長，同時，也才能有機會改變教室的風景，進而找出學生學習的癥結點，並促進學生的學習。

(二) 引導教師建立共備觀議課焦點在學生的信念

信念涉及個人的經驗，以及透過經驗和外界交互作用後所產生的一種思想傾向，信念是影響個人行為的因素，要改變或建立信念不能只在知識上進行調整，需要在情感上認同（劉世雄，2019）。因此，校長必須讓教師瞭解共備觀議課的焦點在於學生，而進班觀課是為了瞭解學

生的學習表現，再透過集體議課思考好的教學策略，進而幫助學生學習成長。

(三) 小型學校可以善用策略聯盟方式

小型學校礙於師資員額不足的困境，常出現一個年級只有一班或是一個領域只有一位老師的狀況，對於校長公開授課的共備觀議課較難有好的準備與實施，因此，可以結合鄰近且同規模之學校，組成跨校聯盟之形式，排定共同不排課時間，以進行專業對話，彌補校內共備觀議課師資或人力不足的問題，如此才能激盪校長、教師的專業成長效果（顏國樑，2020）。

(四) 藉由以身作則帶動教師形塑同儕共學的學習文化

校長身為學校領導者，同時也具備首席教師的身分，因此透過以身作則帶頭進行公開授課，化解教師疑慮與阻力，與教師站在同一陣線，一起實施公開授課政策，可以展現校長對教學的重視以及推動公開授課的決心，拉近與教師之間的距離，共同合作公開授課的課程時不僅能互相學習，也能瞭解教師於教學現場可能面臨的困難，更能以同理心與教師相處，有助於營造同儕共學的學習文化，在教育資源方面的爭取亦能更符合教師的需求（蔡麗萍，2019；劉玳君，2021; Lee & Madden, 2019）。因此，建議校長在實施公開授課的過程中，必須親自參與共備觀議課的每個環節，並結合校內教師專業學習社群共同運作，帶領教師共同備課，一起設計與規劃課程，彼此切磋教學方法與策略，形塑合作共學的氛圍，以提升教師教學專業知能。

(五) 參與校長專業學習社群，以促進公開授課的實施

校長在實施公開授課時，由於對教學現場不熟悉，也不甚瞭解學生的學習狀態，因此進行公開授課的過程會遭遇重重關卡。若是校長能夠參與校長專業學習社群，將會有一群社群夥伴作為最堅強的後盾，當校長毫無頭緒時能為其提供不同觀點的建議，以及分享於他校實施校長公開授課的模式供其參考，以協助彼此順利的實施公開授課。因此，建議校長可以參與跨校的校長專業學習社群，參與的方式大致可包含三個部

分（顏國樑、閔詩紜，2018）。其一是對話分享，校長可以在社群中交流公開授課的實施經驗，互相請益與分享；其二是專家指導，藉由向教育局處申請的社群補助經費，聘請專家學者帶領社群成員針對公開授課議題進行課程教學設計與教學方法能力的培訓，進而厚植校長課程與教學素養；其三是探究實作，透過實際執行共備觀議課的過程，讓校長能清楚每個階段的精髓所在，在校內推動公開授課政策能夠展現專業的課程與教學領導力。

伍　結論

因應時代變遷與發展，在十二年國教課綱下規定校長要進行公開授課，賦予校長行政與首席教師的身分；換言之，兼具行政與教學的雙重角色。校長公開授課不是目的而是手段，其目的在於透過校長公開授課，展現課程教學與學習領導的專業知能，激勵教師持續專業成長，進而提升學生學習效果。校長公開授課的價值在於展現校長課程教學與學習領導的專業形象；以身作則，帶動教師專業成長，以及形成校園教學合作分享之共學的學校文化。

國中小學校長公開授課與教學領導、課程領導、學習領導三種領導取向相關聯。校長主動率先進行公開授課，積極與教師們進行共備觀議課的分享與討論，營造學校共學的文化氛圍。透過實際課堂參與、備觀議課等階段，並適時給予課程設計的想法與建議。利用實際教學，與學生有面對面接觸的機會，運用適當教學方法，引發學生學習興趣，提升學生學習效果。

國民中小學校長公開授課的領導作為，分成校長個人專業與領導作為方面。在校長個人專業方面：包括校長本身宜正向看待校長公開授課、校長務必瞭解課程與教學設計的內涵與學習歷程原理、瞭解教師教學需求與克服教師抗拒公開授課的原因、依據公開授課結果以落實校長專業成長計畫。在校長領導作為方面：包括營造友善且自由和諧之對話的氛圍以利公開授課的實踐、引導教師建立共備觀議課焦點在學生的信念、小型學校可以善用策略聯盟方式、藉由以身作則帶動教師形塑同儕共學的學習文化、參與校長專業學習社群以促進公開授課的實施等。

參考文獻

（一）中文部分

何高志（2017）。**國民中學校長課程領導、組織學習與學校創新經營效能關係之研究**（未出版之博士論文）。國立清華大學。

吳清山、林天祐（2012）。學習領導。**教育研究月刊，217**(2)，139-140。

吳慧蘭（2016）。**新北市國民中學校長教學領導、教師專業學習社群與教師教學效能關係之研究**（未出版之博士論文）。國立臺北教育大學。

吳麗君（2019）。國小校長公開授課的暖身：停格、再聽。**教育研究月刊，306**，74-89。

李安明（2016）。國民小學校長教學領導之責任探究：以新竹縣市三所國小為例。**教育行政論壇，8**(1)，1-33。

李麗琦（2012）。**桃竹苗地區國民小學校長教學領導與教師專業學習社群互動之研究**（未出版之碩士論文）。國立新竹教育大學。

林明地（2013）。學習領導：理念與實際初探。**教育研究月刊，229**，18-31。

林愛玲（2018）。**一位國小校長課程領導觀追尋之敘事探究**（未出版之博士論文）。臺北教育大。

許以平（2020）。從敘事探究看校長公開授課的意義。**臺灣教育評論月刊，9**(12)，153-171。

陳添丁（2018）。**國民小學校長學習領導、學校組織學習與教師教學效能關係之研究**（未出版之博士論文）。國立政治大學。

國家教育研究院（2016）。**國中小校長公開授課促進校長教學領導之可行方案研究**。http://www.naer.edu.tw/czfles/0/1000/attach/76.pta12759747562096082.pdf

張民杰、賴光真（2020）。校長以公開授課進行教學領導之探討。**臺灣教育評論月刊，9**(4)，64-74。

張德銳、丁一顧（2000）。美國中小學校長評鑑制度及校長專業發展。**教育資料與研究，37**，52-60。

教育部（2014）。十二年國民基本教育課程綱要總綱。作者。https://www.naer.edu.tw/files/15-1000-7944,c639-1.php?Lang=zh-tw

教育部（2017）。**教育部辦理十二年國教課綱——教師公開授課與教學精進研習手冊**。作者。

許以平（2020）。從敘事探究看校長公開授課的意義。**臺灣教育評論月刊，9**(12)，153-171。

黃富揚（2019）。**國民小學校長課程領導之個案研究：創新擴散理論視角**（未出版之博士論文）。國立臺中教育大學。

楊振昇（2018）。析論社會變遷中教學的反思與前瞻。**學校行政，118**，1-11。

熊治剛、伍嘉琪（2018）。展望十二年國教的功能性領導——談校長公開授課的意義、挑戰與因應之道。**臺灣教育評論月刊，7**(5)，120-124。

劉世雄（2018）。**素養導向的教師共備觀議課**。五南。

劉世雄（2019）。從校長的公開授課談論校長在學校課程發展的作為。**師友雙月刊，616**，23-28。

劉芯玓（2022）。**國民中學校長實施公開授課之研究**（未出版之碩士論文）。國立灣師範大學。

劉亮宏（2018）。**澎湖縣國民小學校長教學領導與教師專業發展關係之研究**（未出版之碩士論文）。臺北教育大學。

劉玳君（2021）。**108課綱下國小校長公開授課之研究**（未出版之碩士論文）。國立清華大學。

歐用生（2017）。校長學習即領導——校長的學習與學習領導。中國教育學會編著，**教育新航向——校長領導與學校創新**（頁27-52）。學富文化。

潘淑琦（2019）。面對十二年國教校長公開授課之實施與因應。**學校行政，121**，157-184。

潘慧玲、陳文彥（2018）。校長促進教師專業學習的槓桿：校長學習領導對教師課堂教學研究影響之中介模式分析。**教育研究集刊，63**(3)，79-121。

潘慧玲、鄭淑惠（2018）。植基真實情境的共學效應：學習共同體促動之教師改變。**課程與教學，21**(4)，121-149。

蔡懷萱、范素惠、鄭陳宏、葉惠雯、施新國（2021）。**國民中小學校長實施公開授課之行動研究成果報告**。新竹縣縣網中心。

蔡麗萍（2019）。**宜蘭縣公立國民小學校長公開授課之研究**（未出版之碩士論文）。

國立東華大學。

謝傳崇（2011）。校長正向領導對教師教學影響之研究。**教育資料與研究雙月刊，101**，59-82。

顏國樑（2020）。**國民中小學校長公開授課執行之研究期末成果報告**。科技部。

顏國樑、閔詩紜（2018）。中小學校長實施公開授課的做法、挑戰及前瞻。**教育研究月刊，293**，73-86。

顏國樑、閔詩紜（2019）。國民中小學校長推動108課綱的領導取向與具體作為。**教育研究月刊，304**，80-97。

顏國樑、謝翠霞、宋美瑤（2019）。國民小學校長實施公開授課之研究。**教育政策論壇，22**(3)，69-100。

（二）外文部分

Coenders, F., & Verhoef, N. (2019). Lesson study: Professional development (PD) for beginning and experienced teachers. *Professional Development in Education, 45*(2), 217-230.

Greenfield, W. (1987). Moral imagination and interpersonal competence: Antecedents to instructional leadership. In W. Greenfield (Ed.), *Instructional leadership: Concepts, issues, and controversies.* MA: Allyn and bacon.

Hallinger, P. (2011). Leadership for learning: Lessons from 40 years of empirical research. *Journal of Educational Administration, 49*(2), 125-142.

Lee, V., & Madden, M. (2019). We're in this together: Principals and teachers as partners and learners in lesson study. *NASSP Bulletin, 103*(1), 51-64.

Leithwood, K., & Louis, K. S. (2012). Preface. In K. Leithwood & K. S. Louis (Eds.), *Linking leadership to student learning* (pp.xxiii-xxviii). Jossey-Bass.

Sheppard, L. B. (1996). Exploring the transformational nature of instructional leadership. *The Alberta Journal of Educational Research, 42*(4), 325-344.

Tang, K. N., & Lim, C. S. (2015). Principal support in lesson study. *Procedia-Social and Behavioral Sciences, 205*, 134-139.

問題與討論

一、請舉出三項國民中小學校長公開授課最大的困境？有何因應作法？

二、請舉出三項實施國民中小學校長公開授課成功的條件？有何具體作法？

三、如何透過國民中小學校長公開授課，提升自己本身的教育專業成長？

四、如何透過國民中小學校長公開授課，促進教師專業成長？

五、如何透過國民中小學校長公開授課，提升學生學習效果？

第七章

課程視導概念與任務之分析

許籐繼

在課程發展歷程中檢視、改善與確保課程效果，
是一種重要的課程視導專業實踐。

～Chenge與Syomwene (2016)

 壹　前言

　　我國自九年一貫課程政策的實施，便賦予教師課程發展的權利與行動的空間，打破了教師在課程領域長期受到的束縛。藉此教師不但恢復課程領域的專業能力，也能更加自主的進行課程發展，有助於培養學生帶得走的能力（歐用生，2003）。尤其在彈性學習節數時間以及重要議題課程的設計與實施上，可以看到教師積極投入的熱情與身影，顯現教師的課程自主意識與行動。以海洋教育議題為例，學校教師常能結合地方相關的產業條件，例如：以石花凍特產為主題，進行課程設計與實施，引發學生海洋議題的學習興趣。再者，延續九年一貫課程改革權力下放的精神，自108學年度開始，推動新一輪的課程政策，即十二年國民基本教育課程綱要（簡稱新課綱）。不但持續「學校本位課程發展」（school-based curriculum development, SBCD），而且進一步強調素養導向的課程設計與行動。前述接續的課程革新政策，皆賦予學校本位課程發展的權力，也鼓勵教師發揮課程自主的專業精神，積極參與素養導向的課程發展（張茵倩、楊俊鴻，2019；蔡清田、邱家偉，2019）。

　　雖然課程政策鼓勵教師發揮課程專業，積極參與課程革新行動，也在教師的努力投入中，產生許多課程發展的成果。但是在學校現場辛苦進行課程設計與實施的教師，常會有以下的困惑（周淑卿，2019；陳文彥，2019）：我們設計出的課程好嗎？課程到底讓學生學習到什麼？能否真正培育學生核心素養？課程能持久運作嗎？可見，教師對於自己發展的課程成效和品質，缺乏信心且充滿不確定性。因此，如何協助教師找回課程發展的信心並確定課程效果，成為亟待解決的問題。Ornstein和Hunkins（1993）提及課程視導能夠提供教師最直接且最有

效的課程發展回饋，有助於教師釐清課程成效，承擔起課程發展的專業責任。可見，課程視導是前述問題解決的有效途徑之一（Eshun, Bordoh, & Kofie, 2015）。

不過，鄭淵全（2006）的研究結果顯示，校長課程領導中以課程組織與運作的表現最好，而課程發展的檢視與改善則有待加強。國外也有相類似的研究結果，Yeop、Yunus與Ishak（2012）研究發現，過去在學校課程發展過程中，大多數學校都忽視了課程發展階段的檢視、澄清和改進。顯見，無論國內外的學校課程發展過程，對於課程視導是較為忽視的部分。這樣的情形恐怕與學校教育人員，長期以來缺乏課程視導概念的理解與實施任務的引導有關。故本文的焦點乃針對課程視導概念和任務進行分析，期能提供學校教育人員在這方面的深度理解，進而在學校課程發展的過程中具備實施課程視導的基礎。

 課程視導的概念

一、課程視導概念的涵義

Manwadu（2010）從歷史視角探討課程視導概念發展，其將之區分為下列階段：在十六世紀前，課程視導是一種外在機構對學校聘用教師信仰與私德的視導；進入十六世紀之後，課程視導逐漸被視為學校權限。十七世紀的課程視導，將焦點置於教師課堂教學技巧的改進。十八世紀的課程視導，則成為一種學校系統的正式活動，並授權校長成為課程視導人員。十九世紀的課程視導，重視採取直接課堂觀察和示範的方式，目的在協助教師改進教學，而課程視導人員則由校長擴及課程主任等。課程視導的性質也逐漸由上下階層督導，轉變為彼此的合作。二十世紀的課程視導，受到臨床視導思潮的影響，更關注於實際情境的課程實施，以及對學生學習的影響。同時，課程視導也受到學校重構運動的影響，學校被賦予更大自主權，也更重視教師的專業參與和影響，讓學校全體負起相應的績效責任。從前述課程視導概念直至二十世紀的演變，顯現出如下的轉變特性（許籐繼，2021b）：其一，課程視導機關，從校外機構逐漸轉為學校自主；其二，課程視導人員，從校外人員

轉爲學校人員,從校長擴及主任和教師;其三,課程視導方式,從由上而下的控制督導,轉爲專業人員之間彼此的合作;其四,視導內容,從教師信仰轉爲學校現場課程實施與學生的學習。

課程視導概念的演變,在前述基礎之上,進入新世紀之後又有進一步的發展,在焦點上更爲多元且定位上更爲明確。Zuker-Skerrif與Roche(2004)將課程視導視爲一種學校行政的作爲,主要在於協助教師選擇適當的課程實踐以達成預期的課程期望。Glatthorn、Boschee和Whitehead(2006)將課程視導區分爲「教授課程」(the taught curriculum)和「支持課程」(the supported curriculum)的視導。Manwadu(2010)將課程視導定位爲課程領導的一環,是校長評估與輔導教師課程實施的過程,其目的在於檢視並協助教師改進課程作爲,以提升課程質量。Yeop、Yunus與Ishak(2012)認爲課程視導是學校教育領導一環,其涉及校長對於教師在課程實施、教材準備和提高課程專業水平方面的識別與輔導。Eshun、Bordoh與Kofie(2015)也認爲課程視導是校長行政和管理工作的核心,透過檢視(monitor)與檢查(inspect),嘗試改善(attempt to improve)教師所發展課程的質量。其檢視的範疇,除了課堂互動之外,還應包括支持教師發展課程的思維、課程材料開發、課程後勤的資源,以及開展課程行動研究,以促進教師課程專業成長。Cobbold、Kofie與Eshun(2015)認爲,課程視導之目的除與教師共享課程發展訊息之外,也包括檢視教師課程發展績效。Iroegbu與Etudor-Eyo(2016)比較強調對教師課程實施的視導,藉此確保課程質量並促進其課程專業的成長。Jonyo與Jonyo(2019)指出,課程視導人員是學校課程發展的引擎和管理者,也是課程實施問題的解決者和課程變革的推動者,更是學校課程品質和學生學習成果的把關者。根據前述新世紀以來,眾多研究者對於課程視導概念的看法,就其重點加以分析、分類,並整理如表7-1。首先,其將課程視導定位爲學校行政作爲、教育領導、課程領導或課程管理的一環。其次,課程視導範疇主要在於課程發展過程與成果,包括課程規劃與設計階段的活動,如設計理念與思維、教材準備、課程資源等。課程實施階段的活動,如課堂實踐、課堂互動等。課程評鑑階段活動,如課程績

表7-1

課程視導概念分析一覽表

研究者	課程視導概念要素																		
	學校行政作為	課程領導/管理一環	教育領導一環	課程發展	支持課程	教材準備	課程思維	課堂互動	課程實踐	教授課程	課程實施	改進作為	檢視輔導	課程研究	課程結果/績效	學生學習	課程質量	課程專業	課程資源
Zuker-Skerrif & Roche (2004)	●								●										
Glatthorn, Boschee, & Whitehead (2006)					●					●					●				
Manwadu (2010)		●									●	●					●		
Yeop, Yunus, & Ishak (2012)			●			●			●									●	
Eshun, Bordoh, & Kofie (2015)	●			●		●	●	●					●	●			●	●	●
Cobbold, Kofie, & Eshun (2015)					●										●				
Iroegbu & Etudor-Eyo (2016)				●								●					●	●	
Jonyo & Jonyo (2019)		●														●	●		

效、課程結果、課程質量、課程改進等。第三,課程視導方式,主要根據需求採取適切的多元方式,例如:檢視、輔導、研究等。第四,課程視導目的,即確保教師所發展課程質量、增進教師課程專業、提升學生學習品質等。第五,課程視導人員,從校外機構人員轉變爲學校教育專業人員,由校長擴及主任,乃至於專業的教師同儕。

從上述課程視導概念的演進與分析,可以發現課程視導概念係學校教育領導或課程領導一環,其概念的核心係由課程發展與視導兩者的循環互動歷程,即以教師課程發展階段,包括規劃設計、實施活動及成果評量爲核心,所進行的循環視導活動,包括準備合作、檢視分析與回饋改進,如圖7-1所示(許籐繼,2005b、2021a)。據此,其概念涵義進一步說明如下:

(一) 規劃設計階段的視導:課程視導即課程規範、支持與研發

就課程規劃設計階段的視導而言,課程視導具有檢視課程規範、課程支持和課程研發的涵義。首先,課程視導人員以檢核者角色,協助教師檢視其課程規劃設計,符合國家課程規範的情形(Hill, 1990);其次,課程視導人員以支持者角色,與教師一起檢視相關課程資源,並引導教師獲取資源以支持教師的規劃設計;第三,課程視導人員以探究者角色,和教師一起進行開發課程的檢視與對話,協助並引導教師的課程或教材研發,此亦有助於將學校打造爲課程的研發中心。

(二) 實施活動階段的視導:課程視導即課程檢核、回饋調整與社群對話

就實施活動階段的視導而言,課程視導具有課程檢核、回饋調整與社群對話等涵義。首先,課程視導人員以檢核者角色,檢核課程實施符合相關課程規定與設計目標(Cobbold, Kofie, & Eshun, 2015);其次,課程視導人員以回饋者角色,蒐集課程實施資料並提供回饋意見,協助教師調整課程實施,以增進課程實施的成效;第三,課程視導人員以社群領導者角色,成立教師學習社群,通過蒐集、探究與分析資料,進行課程實施的社群對話,以提升課程實施的反思。

圖7-1
課程視導概念

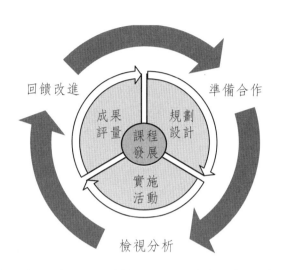

回饋改進　　　準備合作

成果
評量
　　　規劃
　　　設計
課程
發展
實施
活動

檢視分析

資料來源：許籐繼（2021a）。中小學校長課程視導專業素養之分析。載於
吳清基主編，**教育政策與議題趨勢**（頁223-240）。五南。

(三) 成果評量階段的視導：課程視導即測驗課程革新、道德反省與
　　 學習成長

　　就成果評量階段的視導而言，課程視導具有測驗課程革新、道德反
省與理想學習的涵義。首先，課程視導人員以評鑑者角色，評估測驗
課程的有效性與改進指引；其次，課程視導人員以啟發者的角色，通過
發現成果評量的問題，以責任、真實性和存在感的美德，賦權教師從道
德觀點進行成果評量結果的正義性批判。從而回歸以人為核心的公平本
質，進而超越測驗課程的局限性（Starratt, 2004）。第三，課程視導人
員以引導者角色，藉由蒐集成果評量歷程與結果資料，引導教師進行分
析改善，從中反思測驗課程的責任與專業學習。

二、課程視導與相關概念

　　課程視導與教育領導、課程領導、課程評鑑等概念關係密切，卻又
有各自的獨特性。就各個概念所涉及範疇觀點，說明各個概念之間的區
別與定位關係，如圖7-2所示。

圖7-2

課程視導與相關概念的關係

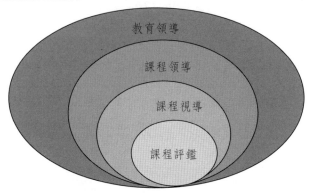

首先，教育領導是指對教育各項事務，如行政、課程、教學、訓育、輔導、總務、環境、資源等，透過與學校組織成員的互動，包括計畫、組織、資源、溝通、激勵、協調、視察、輔導、評鑑等活動發揮影響力，以導引團體方向糾合群力激發士氣，使其同心協力行動以實現教育目標的歷程（謝文全，2018）。可見，教育領導所涉及的範疇最為廣泛，舉凡教育事務皆屬之，而課程僅為其範疇中的一部分。因此，課程領導便成為教育領導的一環。

其次，課程領導的主要範疇在於課程發展領域。游家政（2002）將課程領導定義為在教育團體情境裡，藉影響力來引導教育工作者在課程實務的努力方向，使其同心協力去達成教育目標的歷程。蔡清田（2005）認為課程領導是領導者基於課程專業知識，促進學校達成課程目標，以確保學生的學習品質。徐超聖與李明芸（2005）則認為，課程領導是指校長基於課程專業知識，經各種領導行為以協助教師改進課程品質，提升學生學習效果以完成教育目標的歷程。根據前述，課程領導乃是在教育團體情境中，領導者基於課程專業知識，藉影響力促進並引導教師投入課程發展與改進課程品質，以提升學生學習，達成課程與教育目標的歷程。這樣的課程領導意義有兩個重點，其一為帶領教師課程發展的影響力，其二為針對教師課程發展歷程檢視與改進的影響力。後者，主要針對教師課程發展實務的檢視與輔導，以促進教師課程

發展的品質。Chenge與Syomwene（2016）將此種檢視、回饋、修正與協助教師落實課程發展的策略，稱之爲課程視導（curriculum supervision）。因此，課程視導可謂是課程領導的一環。

　　第三，課程視導雖然在範疇上是課程領導一環，但是在校長課程領導的研究發現，校長帶領教師埋首發展課程之時，相對上較忽視協助教師進行課程發展歷程與結果的檢視及修正。因此，課程視導不但在範疇上有其獨特性，在實務上也需凸顯其重要性（鄭淵全，2006）。Ornstein和Hunkins（1993）便指出，創建課程的過程與結果都需要對其進行視導，以瞭解課程進行狀況，確保課程的品質。Gordon（2019）亦指出，課程視導更加強調協助教師針對課程發展事務的持續改善。換言之，當教師努力於課程發展，包括課程規劃設計、實施活動、成果評量之時，課程視導人員藉由視察與輔導方式，引導教師敏覺各個課程發展階段的問題並進行對話與討論，協助教師調整、修正與改善其課程發展作爲，有助於提高其課程效能與品質。因此，成果評量或課程評鑑可謂是課程視導的對象之一。

　　第四，課程評鑑是課程發展階段之一，也是課程視導範疇的一部分。黃政傑（2005）指出，課程評鑑是指針對不同層級課程發展與實施目標之間符合程度、價值等之優缺點的判斷，以提供課程設計與實施的改進。課程評鑑的視導，即是課程視導人員，藉由視察教師對於課程評鑑或成果評量的作爲，蒐集評量工具與分析評量結果，藉以提出回饋和改善建議，引導教師改善課程評鑑作爲或調整評量工具，以達到優化課程評鑑作爲的效能。

參　課程視導的任務

　　課程視導的任務可以從巨觀與微觀角度來進行探究，前者與視導發展不同時期的強調重點有關，後者則涉及微觀校本課程發展階段的視導目標。

一、巨觀視導發展的課程視導任務

　　從視導整體發展的巨觀角度來看，不同視導時期的強調重點有異，

課程視導任務也隨之而變。Beach與Reinhartz（2000）將視導發展區分為以下階段，首先是初始階段，該階段主要由監督學校委員會指派相關人士擔任視導人員，其重點在於對學校的管理控制。因此，在課程方面的主要視導任務，即是透過對學校課程的偵查，來確保學校達成一致性的辦學標準。其次是擴張成長階段，該階段主要由管理學校教育的地方行政人員擔任視導人員，其重點在於地方官僚對於學校教育的督導。因此，在課程方面的主要視導任務，在於督導州和地方學校的課程與教學。第三是科學化與專業化階段，該階段主要由有效能專家和科學管理者擔任視導人員，其重點在於以科學方法指導管理學校教育。因此，在課程方面的主要視導任務，在於指導學校課程與教學實施的標準化與組織化，使師生朝向教育目標的進步。第四是專業介入指導階段，該階段主要由課程專家來擔任視導人員，其重點由對學校管理改變為對教師課程與教學專業指導。因此，在課程方面的主要視導任務，在於直接提供教師課程發展與教學改變的協助，支持教師課程發展與教學革新。Manwadu（2010）指出，此時期課程視導人員，即課程專家由校長擴及課程主任等，其視導方式常採用課堂直接觀察和示範，以協助教師改進課程發展與教學實踐。相較於前幾個階段傾向對學校行政的偵查與控制的不同，採取直接提供教師課程與教學專業的協助，是課程視導任務的一個重要轉折點。

第五是臨床視導效能階段，該階段主要由校內外專家擔任視導人員，其重點在於臨床課程與教學的回饋與改善。因此，在課程方面的主要視導任務，在於透過進入現場，應用觀察、分析與教練等臨床視導方式，蒐集與分析教師臨床課程與教學表現資料，幫助教師成為更有效能的課程與教學實務工作者。第六是合作學習階段，該階段由校內外專業人士擔任視導人員，其重點在於彼此的合作學習。因此，在課程方面的主要任務，在於成立校本社群或組織，採行合作模式，透過尊重、共備、觀察、檢核、分析、分享與對話等方式，發展出共識且優良課程，並從中獲得課程發展與實施的專業學習（Gordon, 2019）。Manwadu（2010）指出此時期視導也受到學校重構運動的影響，強調學校本位管理而賦予學校更大自主權，並負起相應績效責任，同時也更

重視學校教師的專業參與和影響。第七是研發革新階段，該階段主要由校外專家與校內教師擔任視導人員，其重點在於延續學校本位管理的精神，以學校教師為主體參與和承擔學校教育的革新。因此，在課程方面的主要視導任務，在於透過探究方式發現學校課程發展的問題並嘗試解決。藉由和教師一起進行問題確認、探究與解決方案的行動與分享，使教師具備課程發展行動研究的能力，成為持續自我更新的課程實務專家。誠如Pajak（1993）提及二十一世紀的視導，將是在一個分權化（decentralized）和以團隊為焦點的學習型組織中運作，其重要任務便是以合作方式與教師一起工作，培養教師具備反省力與持續學習，以適應快速變遷的環境。

　　從上述不同視導發展時期所強調的課程視導任務演進，進一步歸納課程視導特徵、階段、角色、方式與任務，整理如表7-2。整個課程視導發展歸納為三個特徵六個階段，與Burnham（2001）所提出視導發展特徵，即行政視察、效能取向、人際關係、行為系統的看法類似。首先，科層督導管理與科學化專業管理兩個階段，以控制管理為特徵，傾向傳統權威控制與科層管理。因此其課程視導角色，主要為學校課程控制管理者和效能管理專家，多以學校為主要視導對象。其視導大多採用偵查、督導、組織、管控等方式，以實現其主要任務，即檢核學校課程符應一致性規範及要求，並完成課程與教學標準化。

　　其次，教師專業協助與增進臨床效能兩個階段，以專業指導為特徵，傾向專業指導與促進效率。因此其課程視導角色，主要為課程專家與臨床專家，多以教師為主要視導對象。其視導大多採用諮商、促進、觀察、分析、回饋等方式，以實現其主要任務。即提供教師課程發展與教學改變的直接協助，以及蒐集與分析教師臨床課程及教學表現資料，幫助教師成為更有效能的課程實務工作者。這兩個階段處於官僚控制轉為校本研發的過渡，因此在科層管理與專業引導之間常會存在衝突情形，正如Glanz（1995）指出，支持視導的行政期望有時會與專業願望之間產生矛盾。

表7-2

巨觀視導發展的課程視導特徵、階段、角色與任務表

特徵	階段	角色	方式	任務
控制管理	科層督導管理	控制管理者	偵查督導	檢核學校課程符應一致性規範。
	科學化專業管理	效能管理專家	組織管控	要求並完成課程與教學標準化。
專業指導	教師專業協助	課程專家	諮商促進	提供教師課程發展與教學改變的直接協助。
	增進臨床效能	臨床專家	觀察分析回饋	蒐集與分析教師臨床課程及教學表現資料,幫助教師成為更有效能的課程實務工作者。
校本研發	促進合作分享	合作夥伴	合作社群分享	透過成立校本合作社群分享,獲得課程發展、教學實踐及對學生影響的學習。
	培養自主革新	協同研究者	問題探究發表	使教師具備自主課程發展行動研究的能力,成為持續自我更新的課程實務專家。

　　第三,促進合作分享和培養自主革新兩個階段,以校本研發爲特徵,受到人際關係視導的影響(Beach & Reinhartz, 2000),傾向與教師爲夥伴一起進行校本課程合作研發。因此其課程視導角色,乃是更爲平等的合作夥伴或協同研究者,多以教師爲主要視導對象。其視導大多採用合作、社群、分享、問題、探究、發表等方式,以實現其主要視導任務。即透過成立校本合作社群分享,獲得課程發展、教學實踐及對學生影響的學習,以及使教師具備自主課程發展行動研究的能力,成爲持續自我更新的課程實務專家。

　　可見,從巨觀視導發展的脈絡來看,課程視導任務已經從對學校課程規範和標準的監督,到協助教師成爲有效能課程實務工作者,到轉變教師成爲持續自我反省更新的課程實務專家。隨著任務需求的改變,課程視導的角色與方式,乃至於視導關係也都隨之調整。

二、微觀校本管理的課程視導任務

從微觀校本管理的課程發展來看，課程視導的整體任務在於把關學校課程發展品質（李姿儀，2014；林雅芳，2021；黃旭鈞，2003；鄭淵全，2006；Jonyo & Jonyo, 2019; Ylimaki, 2013）。因此，前述整體任務的達成，有賴於不同學校課程發展階段視導歷程任務的實現。誠如Kienapfel（1984）所指出，在課程發展階段的課程視導任務，包括檢視教師是否熟悉課程綱要、學校課程期望和架構、評估課程方案、範圍、順序及內容的適當性、考察課程實施時間安排、學習組織運作的問題、引導教師自我反省與改進氛圍等（許籐繼，2005a）。前述的課程視導任務，涉及課程發展階段與視導歷程的任務，綜合相關資料（呂孟潔，2009；施杰翰，2014；許籐繼，2005b、2019、2021a；Hill, 1990; Zepeda & Mayers, 2004），以課程視導概念架構，進一步整理如表7-3。

(一) 課程規劃設計階段的視導任務

課程規劃設計階段的視導課程主要為書面課程（written curriculum）（Hill, 1990; Zepeda & Mayers, 2004），通常是指多樣性的課程文件，包括全校層級的官方課程綱要、學校課程願景、理念、目標、架構或藍圖、課程地圖；年級／領域層級的課程教學計畫進度表、選用的教材文本等；班級／教師層級的單元教案內容、時間分配、節課活動計畫、學習單、學生分組表單等（呂孟潔，2009；Zepeda & Mayers, 2004）。因此，課程規劃設計階段的整體視導任務，乃是藉由視導歷程協助學校教育人員提出不同層級適切的書面課程，能為學校教師所採用。

另外，就課程規劃設計階段的視導歷程進一步細分其任務。首先，在視導的準備合作階段之任務，主要是以學校課程道德哲學為引導，藉由與教師一起合作提出並檢視相關課程文件，完成不同層級的初步書面課程。前述任務的完成，需要進行下列具體工作：成立規劃設計小組、增能小組成員規劃設計能力、引導並討論規劃設計項目、檢視與修改規劃設計課程文件（許籐繼，2005a）。其次，在視導的檢視分析階段之任務，主要是採用不同方式檢視和分析不同層級初步書面課程，如

觀察、分析書面文件或發現文件問題、會談等，完成不同層級初步書面課程的優缺點共識結果報告。前述任務的完成，需要進行下列具體工作：參考不同層級課程文件檢核表、引導小組成員的觀察與提問、進行初步書面課程內外的比較等，例如：藉由持續不斷地審視課程文件中的目標、情境脈絡和未來學生圖像之間符應的適切性檢視等（張茵倩、楊俊鴻，2019）。第三，在視導的回饋改進階段之任務，主要是針對檢視與分析結果，與教師對話並引導其修改不同層級的初步書面課程，以提升課程的適切性。前述任務的完成需要進行下列具體工作：提供客觀課程文件檢核的數據或資料、與學校教育人員一起討論檢核結果的報告資料、引導學校教育人員根據討論結果，進行初步書面課程的修正。

表7-3

微觀校本管理的課程視導任務表

具體任務 視導歷程 ＼ 課程發展階段	規劃設計	實施活動	成果評量
準備合作	以學校課程道德哲學，合作完成不同層級的初步書面課程。	遵循課程道德哲學或規範，檢視並確定運作課程規劃與後續視導項目。	參考課程道德哲學和課綱規範，檢視並確認測驗課程設計與後續視導重點。
檢視分析	採用不同方式檢視和分析不同層級初步書面課程。	以觀察、錄影或訪談等多元方式蒐集與分析運作課程實施資料。	採用書面文件、觀察、會談等多元方式蒐集分析測驗課程實施資料。
回饋改進	針對檢視與分析的結果，協助修改不同層級的初步書面課程。	根據不同層級運作課程實施檢視分析結果，提出回饋並加以改善。	根據不同層級測驗課程實施檢視分析結果，提出回饋並改善。
視導整體	提出不同層級的適切性書面課程。	探索、試驗、回饋以優化不同層級運作課程。	研發並提高測驗課程的有效性。

(二) 課程實施活動階段的視導任務

課程實施活動階段的視導課程，主要為教導課程、資源課程、經驗課程，統稱為運作課程（operation curriculum）（Hill, 1990; Zepeda & Mayers, 2004）。通常是指不同層級的多樣性課程實施活動，包括全校層級的講座、宣導、競賽、展覽等課程活動；年級／領域層級的校外教學、學生分組等課程活動；班級／教師層級的單元節課學習活動等（Hill, 1990）。因此，課程實施活動階段的整體視導任務，乃是藉由視導歷程協助學校教育人員探索、試驗與回饋，以優化不同層級的運作課程。

另外，就課程實施活動階段的視導歷程進一步細分其任務。首先，在視導的準備合作階段之任務，主要是以遵循課程道德哲學或課綱規範，檢視並確定運作課程的規劃與後續視導項目。前述任務的完成，需要進行下列具體工作：與學校教育人員對話，理解教授課程目標與內容、提供多元學習活動的適切性、教學資源與媒體的充實性、課程實施活動過程資料蒐集工具的有效性等（呂孟潔，2009）。其次，在視導的檢視分析階段之任務，主要是以觀察、錄影或訪談等多元方式，蒐集與分析不同層級運作課程的實施資料，完成課程實施活動的檢視與分析報告。報告內容必須根據視導人員與受視導人員關注的重點，如課程實施達成預定課程目標的情形、教學媒體與資源有效的善用情況、學生對課程活動的興趣與參與情形等（許籐繼，2021b；Hill, 1990），提出運作課程實施檢視報告。前述任務的完成，需要進行下列具體工作：建立彼此的信任關係、根據需要選用多元資料紀錄與蒐集工具如各式觀察表、徵得同意之下進行課程實施活動的錄影、蒐集分析學生作業或作品、訪問調查等。第三，在視導的回饋改進階段之任務，主要是根據不同層級運作課程實施檢視分析結果，提出回饋並加以改善，以裨益未來運作課程的實施。前述任務的完成需要進行下列具體工作：客觀呈現運作課程實施檢核結果的數據或資料、與學校教育人員一起分析、引導學校人員根據分析結果提出運作課程的優缺點、討論並提出運作課程的改善作法，如調整學習材料難易度以符合學生的先備程度、採用體驗活動提升學生的課程參與興趣等（Hill, 1990）。

(三) 課程成果評量階段的視導任務

課程成果評量階段的視導課程，主要為測驗課程（tested curriculum）（Hill, 1990; Zepeda & Mayers, 2004）。通常是指不同層級的多樣性課程成果評量活動，包括全校層級的學力檢測、競賽活動、成果展演、學習檔案分享等課程活動；年級／領域層級的競賽活動、闖關、學習檔案分享等課程活動；班級／教師層級的學習評量單、紙筆測驗、實際操作、口頭發表活動等（許籐繼，2005a；Hill, 1990）。因此，課程成果評量階段的整體視導任務，乃是藉由視導歷程協助學校教育人員研發，並提高測驗課程的有效性。

另外，就課程成果評量階段的視導歷程進一步細分其任務。首先，在視導的準備合作階段之任務，主要是參考課程道德哲學和課綱規範，檢視並確認測驗課程設計與後續視導重點。前述任務的完成，需要進行下列具體工作：與學校教育人員對話並確認測驗課程設計的道德理念與規範、評量對象理解、引導並討論測驗課程工具的內容與有效性、釐清測驗課程實施的時間點、安排與施測方式如學生作品、紙筆成績表現，以及評量結果的運用等（呂孟潔，2009）。其次，在視導的檢視分析階段之任務，主要是採用書面文件、觀察、會談等多元方式蒐集分析測驗課程實施資料，提出不同層級測驗課程的執行優缺點，並提出改善之建議。前述任務的完成，需要進行下列具體工作：與利害關係人建立信任關係、保護師生隱私進行評量施測歷程與結果的資料蒐集、評估課程成果評量工具選擇與使用的適當性與有效性、與教師一起解釋測驗結果的精確性等（許籐繼，2019；呂孟潔，2009）。第三，在視導的回饋改進階段之任務，主要是根據不同層級測驗課程實施檢視分析結果，提出回饋並加以改善。前述任務的完成需要進行下列具體工作：引導學校教育人員針對測驗課程實施資料檢視分析結果的解釋、提出測驗課程實施的優缺點、引導學校教育人員從教師和學生不同角度思考，提出測驗課程的改善計畫（Hill, 1990）。

　　從巨觀視導發展的課程視導任務來看，在不同時期的視導受到當時思潮和教育政策影響而有不同的視導重點，課程視導任務也因而隨之有異，由控制管理、專業指導，轉變爲校本研發，預示著課程視導朝向合作、平等、信任、道德、研究的方向發展，也影響了微觀校本管理的課程視導任務，這樣的微觀任務也提供當前學校實施課程視導的有意義鷹架。

肆　結語

　　從九年一貫課程到十二年國民基本教育課程綱要的政策，提供學校與教師愈來愈大的課程權力與空間，同時也發展許多豐富的課程。然而，教師在辛苦投入課程發展之餘，對於所發展的課程成效和品質缺乏信心的問題，課程視導是解決前述問題的可行途徑之一。然而，限於學校教育人員對於課程視導概念的陌生與缺乏具體的操作經驗，學校實施課程視導的情形並不普遍。本文透過歷史演進的視角，進行課程視導概念的整理與分析，提出以課程發展爲核心與外圍視導互動的概念架構，進一步闡述在三個課程發展階段的課程視導涵義，並且也釐清其與教育領導、課程領導、課程評鑑相關概念的關係與定位。其次，從巨觀視導發展脈絡的分析，發現其由控制管理、專業指導，轉變爲校本研發的特徵，此種朝向以學校爲主體的平等夥伴合作發展方向，也影響了微觀校本管理的課程視導任務。此種微觀的課程發展任務，係以課程發展的不同階段爲經，以視導歷程爲緯，交錯並呈現各個課程發展階段在不同視導歷程的任務與具體工作，作爲學校教育人員實施課程視導的參考鷹架。希冀本文能協助學校教育人員清楚理解課程視導的概念與涵義，並有助於引導學校教育人員實施課程視導，以優化學校課程發展，增進其課程發展專業素養，進而改善學生學習品質。

參考文獻

(一)中文部分

李姿儀(2014)。一位國小校長課程領導之個案研究——以推動童詩課程為例(未出版之碩士論文)。屏東大學教育行政研究所。

呂孟潔(2009)。**國民小學課程視導之研究——以生活課程為例**(未出版之碩士論文)。國立臺灣海洋大學教育研究所。

林雅芳(2021)。學校本位課程發展歷程中校長課程領導之探討。**臺灣教育評論月刊,10**(3),148-152

周淑卿(2019)。國中小前導學校運作現況與展望。載於范巽綠主編,**課程協作與實踐第三輯**(頁14-125)。教育部。

施杰翰(2014)。**國民小學校長實施課程視導之調查研究**(未出版之碩士論文)。國立臺灣海洋大學教育研究所。

歐用生(2003)。**課程典範再建構**。麗文。

徐超聖、李明芸(2005)。課程領導與教學領導關係之研究。**教育研究與發展期刊,1**(1),129-154。

張茵倩、楊俊鴻(2019)。從校訂到校本:校長課程領導的行動策略。**課程研究14**(2),49-65。

許籐繼(2005a)。**學校本位課程視導之實施——基隆市國民小學個案研究**。國立臺灣海洋大學。

許籐繼(2005b)。**教學視導人員能力指標建構之研究(第二版)**。師大書苑。

許籐繼(2019)。誰來檢視課程?校長課程視導的意涵與實踐。載於吳清基主編,**教育政策與前瞻創新**(頁172-188)。五南。

許籐繼(2021a)。中小學校長課程視導專業素養之分析。載於吳清基主編,**教育政策與議題趨勢**(頁223-240)。五南。

許籐繼(2021b)。國小校長課程視導之個案研究。**教育研究月刊,327**,82-102。

陳文彥(2019)。專業學習社群與學校課程發展。**教育研究月刊,308**,17-33。

游家政(2002)。**課程革新(第二版)**。師大書苑。

黃旭鈞(2003)。**課程領導:理論與實務**。心理。

黃政傑（2005）。課程評鑑。師大書苑。

蔡清田（2005）。課程領導與學校本位課程發展。五南。

蔡清田、邱家偉（2019）。核心素養與學校本位課程發展：以嘉義大學附設實驗小學為例。教育研究月刊，**298**，20-36。

鄭淵全（2006）。國小校長課程領導角色知覺與作為之研究。當代教育研究季刊，**14**(3)，59-90。

謝文全（2018）。教育行政學（六版）。高等教育。

（二）外文部分

Beach, D. M., & Reinhartz, J. (2000). *Supervisory leadership—Focus on instruction*. Allyn and Bacon.

Burnham, R. M. (2001). Instructional supervision: Past, present and future perspectives. *Theory into Practice, 15*(4), 301-305.

Chenge, D., & Syomwene, A. (2016). Internal curriculum supervision of life skill education in public secondary schools: A case of Lugari sub-county, Kenya. *European Journal of Education Studies, 2*(10), 14-33.

Cobbold, C., Kofie., S., & Eshun, I. (2015). Functions and practices of curriculum supervision in senior high schools in the Assin North Municipality of Ghana. *American Journal of Social Sciences, 3*(4), 120-128.

Eshun, I., Bordoh, A., & Kofie, S. (2015). Perceived scope and approaches of curriculum supervision. *American Journal of Psychology and Behavioral Sciences, 2*(4), 146-151.

Glanz, J. (1995). Exploring supervision history: An invitation and agenda. *Journal of Curriculum and Supervision, 10*(2), 95-113.

Glatthorn, A. A., Boschee, F., & Whitehead, R. M. (2006). *Curriculum leadership: Development and implementation.* Sages.

Gordon, S. P. (2019). Educational supervision: Reflections on its past, present, and future. *Journal of Educational Supervision, 2*(2), 27-52.

Hill, J. C. (1990). The principal as curriculum supervisor. *Principal, 69*(3), 6-9.

Iroegbu, E. E., & Etudor-Eyo, E. (2016). Principals' instructional supervision and teachers' effectiveness. *British Journal of Education, 4*(7), 99-109.

Jonyo, D. O., & Jonyo, B. O. (2019). Curriculum supervision and implementation in Kenya: The role of secondary school heads. *European Journal of Educational Sciences, 6*(2), 46-56.

Kienapfel, B. (1984). Supervision of curriculum at the middle level. *NASSP Bulletin, 68*(473), 52-57.

Manwadu, N. C. (2010). *The impact of the principal's task of curriculum supervision on teaching and learning in primary schools: A case study in Vhembt District, Limpopo* (unpublished master's dissertation). The Subject of Educational Management, The University of South Africa.

Ornstein, A. C., & Hunkins, F. (1993). *Curriculum foundations, principles and theory*. Allyn and Bacon.

Pajak, E. (2000). *Approaches to clinical supervision: Alternatives for instruction.* Christopher-Gordon Publishers.

Starratt, R. (2004). *Ethical leadership*. Jossey Bass.

Yeop, N. K., Yunus, J. N., & Ishak, S. (2012). The school principal's roles in teaching supervision in selected schools in Perak, Malaysia. *Asian Journal of Business and Management Sciences, 1*(2), 50-55.

Ylimaki, R. M. (2013). Curriculum leadership in a conservative era. *Educational Administration Quarterly, 48*(2), 304-346.

Zepeda, S. J., & Mayers, R. S. (2004). *Supervision across the content areas.* Eye on Education.

Zuber-Skerrit, O., & Roche V. (2004). A constructivist model for evaluating postgraduate supervision. *Quality Assurance in Education, 12*(2), 82-93.

問題與討論

一、課程視導的演進與特徵為何？

二、課程視導的概念與其涵義為何？

三、課程視導任務的分析觀點為何？

四、從課程視導的演進來看，您認為目前課程視導的特徵為何？

五、從課程視導的演進來看，您認為目前課程視導的主要任務為何？

六、校本課程視導的任務，在不同層級課程的具體視導工作有哪些？

七、根據校本課程視導任務的理解，請您說明我國校本課程視導的現況為何？

八、從課程視導概念與任務的理解，請您說明如何應用於學校課程視導的規劃與實施？

第八章

轉型與深耕：國際教育2.0理念與案例

范熾文、紀惠英、陳碧卿

壹　緒論

　　在全球化時代，全球公民培育目標相當重要，Masschelein和Simons（2009）指出，未來教育要走向全球公民之思維與發展策略。進而言之，隨著全球化加劇，網際網路的發達，交通貿易的擴展，世界各國開始重視國際教育的推動，而邁入二十一世紀之始，我國教育部有感於國際教育的重要性，於是在2011年就提出了中小學國際教育白皮書（簡稱國際教育1.0），希望透過國際教育的政策規劃與執行，能夠培養具備國家認同國際素養和全球責任感的人才，中小學教育也要積極申請計畫執行（教育部，2020）。這幾年來，確實開啟中小學對於國際化與全球化的重視，將國際教育連結融入在教育之中，中小學參與計畫執行的比例不斷增加，參與國際交流的中小學生人數亦有成長，逐漸落實於學校課程發展與教學歷程中。

　　然而，隨著國際化、全球化、本土化與永續議題等發展，加上十二年國民基本教育之實施，強調自發、互動與共好的理念，有必要針對國際教育1.0進行檢討精進。黃冠勳（2014）認為國際教育有三類迷思與困境：1.國際教育等同於英語教育，可能窄化國際教育的目標；2.出國交流才能培養國際觀，多數偏好少數特定國家；3.參與國際教育的學生名額有限，僅以英語成績作為篩選的門檻。因此，在2019年教育部成立了中小學教育國際化專案辦公室，特別就國際教育1.0執行成效與結果進行深入檢討反思，重新提出了中小學國際教育白皮書2.0。根據黃彥文（2021）指出，國際教育2.0對新課綱的實施，帶來了新的挑戰，其與國際教育1.0最大的不同，在於有關促進教育國際化的部分，除了既有的「融入部定課程」之外，還致力於「融入雙語課程」的可能性。朱子君（2021）指出，我國推動國際教育多年，重點聚焦在「國際移動」，爰以精進語言能力，促進多元文化理解為基調，時值COVID-19疫情嚴峻，國際相互依存意識對於國際教育之啟示，已然移轉於「國際關懷」議題上。基於此，推動國際教育2.0計畫執行，有其時代意義與教育價值，國際教育2.0計畫為我國教育史上再度劃為重要的改革工程。

　　本文先分析國際教育2.0的理念與目標；其次，分析學校本位課程發展與國際教育之意涵；第三，分析國際教育2.0課程的核心概念；第四，介紹國際教育實施成功的案例；第五，國際教育2.0的實施策略；最後是結語。

貳　國際教育2.0的理念與目標

　　國際教育定義，各學者看法並不一致，國際教育與全球教育概念間有重疊之處，一般而言，國際教育定義為：一種提倡國際面向的知識與態度，以促進國家間學生、教師、學校相互交流，增進彼此瞭解與學習（邱玉蟾，2012）。國際教育1.0已實施多年，現在發展到2.0版本的轉變，除了受到世界各國國際教育的趨勢與重要教育理念的影響之外，同時我國十二年國教課程綱要的影響與執行，也相當重要。新課綱內容強調以三面九項的核心素養，作為各領域課程發展以及各階段課程的主要概念，其中，多元文化與國際理解的核心素養，就是國際教育很重要的理念，強調學校要培育學生有自我文化的價值又能欣賞多元文化的差異，具備國際視野並且主動關切全球的議題與趨勢，進而提升國際移動的能力，成為世界公民（教育部，2020）。以下就理念、願景與目標分述如下：

一、理念

(一)展現十二年國教課綱的精神

　　108課程綱要總綱是十二年國教最重要的課程發展依據，本著自發、互動、共好之理念，鼓勵學校及教師將國際教育議題融入中小學課程各領域學科進行跨領域統整教學，希望能夠培育學生具備多元文化與國際理解的素養（教育部，2020）。在學校課程發展方面，國際教育主軸要與十二年國教課綱精神相結合，同時也必須結合資訊教育、雙語教育，以發揮整合效果。

(二) 普及與推廣中小學國際教育

　　過去國際教育1.0的推動參與，學生對象比較偏少數菁英，大多由

高社經背景與優勢家庭之學生參加，以至於國際教育1.0的推展比較局限。國際教育2.0精神在於普及與推廣（教育部，2020），尤其偏遠地區學校以及弱勢學生需要更多的支持，以擴大參與國際教育。因此要深耕在地，學校必須朝普及與推廣方向努力。

(三) 整合人力資源與機構合作

國際教育2.0強調跨域整合運用的策略，在行政機關方面，強調中央橫向各部會的合作，中央與地方各教育局處之合作（教育部，2020）。人力資源象徵著素質，素質愈好，國家競爭力就愈強。教師是國際教育最重要人力資源，學校要整合人力資源，鼓勵教師參加社群，進行課程共備，以提升教師國際教育的專業素養及國際交流經驗。

二、願景

國際教育就是教育的國際化，營造臺灣成為一個正向友善的學習環境，國際教育2.0即以「接軌國際、鏈結全球」為願景。進一步分析，接軌國際就是引導中小學的課程內容與學習成果能夠和主要先進國家學制、課程相互轉銜，讓本國學生出國留學、學習，以及外籍學生在國內學習，於申請管道、課程修習與生活銜接各方面，都非常便利；第二，鏈結全球代表中小學的機關、學校、師生能夠和教育國際化的各項組織、機構、企業界及各種非營利組織，包括NGO、NPO等，能建立聯盟夥伴關係，以獲得更多的機會和支援（教育部，2020）。教育目標不僅要培育學生養成自發、互動與共好的社會公民，也要教導學生具備國際的知識、態度與實踐能力。加上我國已經是個多元文化的社會，有愈來愈多的外國學生到我國來進行文化體驗和華語的學習，而我國各階段學生也到其他各國進行學位進修、交換與文化交流。

三、目標

具體而言，國際教育2.0有三個目標，分別是培育全球公民、促進教育國際化及拓展全球交流，分述如下：

(一)培育全球公民：在地球村時代趨勢下，國際經濟與社會文化的連動愈趨頻繁、國際人才競爭愈趨激烈。處於全球化時代，國際教育已經成爲各國教育不可或缺的一個區塊（邱玉蟾，2012）。全球公民此意涵是指中小學培育的人才必須具備國際化和全球化所需要的素養，包含能夠彰顯國家的價值，建立自己文化的信心。其次能夠尊重多元文化、欣賞不同文化價值，建立國際理解能力並付諸行動。第三，能夠強化國際移動能力，特別是外語能力、批判能力以及資訊跨文化溝通能力。第四，成爲全球公民，尊重基本人權和道德責任，支持全球永續發展的理念，並且加以落實（教育部，2020）。

資料來源：教育部，2020：35。

(二)促進教育國際化：教育國際化在於創造國際化的學習環境，讓參與的學生能夠感受到正向學習的結果，因此推動中小學課程國際化、規劃學生境外交流實習，出國交換留學；招募外籍學生來我國學習華語、遊學、研究等，透過各項方案，以促進教育的國際化（教育部，2020）。

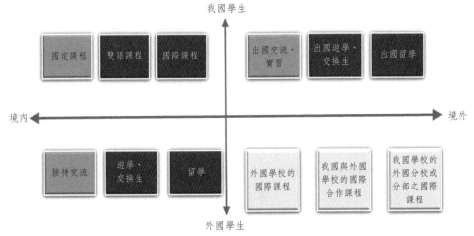

我國學生

| 國定課程 | 雙語課程 | 國際課程 | 出國交流、實習 | 出國遊學、交換生 | 出國留學 |

境內 ←──────────────────────────→ 境外

| 接待交流 | 遊學、交換生 | 留學 | 外國學校的國際課程 | 我國與外國學校的國際合作課程 | 我國學校的外國分校或分部之國際課程 |

外國學生

資料來源：教育部，2020：36。

(三)拓展全球的交流：全球化帶來經濟發展、職業流動、金融發展、貿易暢通與人口流動等，形成許多衝擊與效益。拓展全球的交流為教育部推動國際教育之重要目標。因此要積極建置全國性的運作機制，統合中小學國際各項需求資源，一方面與駐外單位配合擴展各項交流的管道，一方面也整合各項資源，建立國際之間軟體與硬體的網絡（教育部，2020）。

參　學校本位課程發展與國際教育

一、學校本位課程發展的概念

近幾年以來，世界各主要國家，美國、英國、澳洲等，皆已實施學校本位管理制度。換言之，賦予學校單位更多的自主權，已是各國教育改革的共同趨勢。學校本位管理基本信念是：藉由民主式的權力下放（democratic devolution）可以導致更有效的決策，並且形成更大的自主性（autonomy）、彈性（flexibility）、生產力（productivity）。

學校本位課程發展的概念與學校本位管理有關聯，最早是發展於1970年代歐美國家，當時美國、英國、澳洲等對於國家統一課程提出批判與檢討，這種由上而下的國家統一課程，缺乏改革的動力與動

能，基層教師的認知與參與也不足，因此提倡要以學校為主體才是改革的理念與中心，強調課程發展應該以學校為基礎，以教師為動力，學校的課程決策就是由下而上的草根模式。

基本上，學校課程發展要從學校機構的整體觀點來規劃，包含課程研究、課程規劃、課程設計、課程實施、課程評鑑與課程經營等深思熟慮構想，同時要包含情境分析、願景建構、方案設計與執行實施、評鑑回饋配套措施等實踐行動歷程（蔡清田，2002）。歸納言之，校本模式即是以學生學習為課程發展的中心，校長與教師必須整合學校與社區的文化資源，展現教師的專業發展以及教學的自主性，透過教材的編選、課程的調整、教學的創新，來激發學生學習的潛能，滿足各別差異，這是學校本位課程最重要的核心概念。

二、國際教育學校本位課程的意涵

學校本位課程包含部定課程和校訂課程，在十二年國教課綱中所提及的學校本位課程概念，部定課程就是領域學習的課程，是基於國家整體發展的目標而進行統一規劃，主要宗旨在養成學生的基本學力。校訂課程，就是彈性學習課程，是學校自由進行環境文化的評估、學校教育願景與學校學生適性發展的課程，學校可以完全依照本身的特色專長而規劃的學校本位運作。Schlz、Lee、Cantwell、McClellan與Woodard（2007）強調：整個學校發展要著重在因應未來導向、全球趨勢，進行多面向整合，以回應全球環境改變的教育歷程。因此，國際教育校本課程即在部定課程、校訂課程，以及其他潛在課程之中，所規劃的國際教育課程發展內涵與教學中實施。

學校課程發展委員會應該掌握國際教育的發展，並且根據願景、教育部政策目標發展出學校本位課程。換言之，有關學校課程發展委員會要針對學校發展願景，研擬國際教育的目標與達成的任務，學校的國際教育課程總體計畫能規劃出國際教育的學習圖像，有效的進行跨領域統整與協同教學（劉美慧、王俐蘋，2021），進而展現學生在國際教育上自發、互動與共好的實踐成果。

學校的課程計畫是國際教育學校本位課程執行的具體政策內容與成

果，國際教育是十二年國教課綱中的重要議題，可以採取跨領域主題或者議題融入各領域方式進行。學校可以依照國際教育課程發展目標建立自己的辦學理念，經由國際教育目標與特色、學生能力需求、經驗背景，開展學生國際教育的素養與能力。

總之，學校可以針對國際教育白皮書2.0的三大目標，培育全球公民、促進教育國際化與擴展全球交流，規劃與精進學校本位國際教育。參考108課綱總綱三面九項的核心素養具體內涵，研訂出國際教育的課程目標，並發展出國際教育學生的理想圖像。當然領導者要引進外部的資源，統合學校各項人力資源，建立團隊合作文化並關注學生學習活動。

肆　國際教育2.0課程之核心概念

一、概念為本

各種學科內容包含許多概念，知識的精進與生活的應用常根基於個體必須澈底理解概念的本質。過去的教學忽略了概念理解的重要，往往讓學生死記、硬背各項概念以應付各項考試，而缺乏概念遷移和應用。國際教育實施課程也要特別關注「概念為本」的課程設計，劉美惠（2020）、黃冠勳（2014）、宋方珺與楊振昇（2017）等人就批評過去的國際教育，集中行政人員投入而缺乏基層教師普遍參與；無法深耕校本課程，流為淺薄短小；偏於主題與各領域的表面連結，忽略進一步重要概念的理解與遷移。因此，強調「以概念為本的國際教育課程設計」愈來愈重要，概念為本的課程與教學主張學校課程要逐年由少而多、由淺入深設計，確實發展學生對學科重要的概念與通則，以培養專家級的學科深度；而跨領域課程則將發展網絡延伸到相關學科領域，進而在個別學科深度的基礎上，處理真實世界中兼具廣度與複雜性的議題（劉美慧、王俐蘋，2021；劉恆昌譯，2018）。

Banks（1997）在多元文化領域中，就倡導概念為本的教學設計，Banks理念稱為跨學科概念取向「（interdisciplinary conceptual approach）」。他認為任何領域都可以進行多元文化概念教學，概念有高

低不同，存在於各個領域和學科之中。文化就是一個高階層概念，可以發展出跨領域學習族群文化的概念圖。Banks（1997）認爲知識的內涵可以分爲事實、概念、通則和理論，事實爲最基礎的知識，學生停留在記憶事實，是屬於最低階的知識，還要提升爲概念，理解概念之間的關係，進而提升爲原則，當然最重要是有理論基礎，能夠包含原理原則的一套體系。如同教育部（2014）公布之108課綱總綱特別指出：以核心素養作爲課程連貫教學實施之根據，鼓勵教師針對事實、原則、概念等，進行跨領域教學設計。因此，國際教育重要議題融入各領域的課程設計，要特別注意教導國際教育的概念，可以引發學生獲得高階的知識。

二、探究學習

過去的教學方式把知識列爲被動的吸取，大多是採取教師本位的方式直接灌輸給學生，所以在教學過程之中學生是被動的吸收，與知識無法產生密切的關聯，探究學習特別強調教學中要以學生爲主體，教學過程當中要充分給學生發表、討論、實作、實驗、推理、思維的機會（Zimmerman, 2007）。總之。探究主要在引導學生發現問題，瞭解問題本質與脈絡之所在，教師要營造自然愉悅的環境，運用詰問引導學生思考問題，蒐集資料進而解決問題。

近來，世界各國強調永續教育（SDGs）的重要性，SDGs全球議題課程設計採取探究行動方法，基本上可分爲探究、行動與反思三階段。例如：飢餓三十與糧食危機的議題，首先在探究階段就可以引導學生查閱臺灣生活經驗現況引導出問題，目前的營養午餐是否過剩？與學生飲食習慣有無關係？以生活現狀出發，連結到學校、社區、社會與國際，並且能夠理解現象本身，以及各種背景因素之探究。第二階段就是行動，在教學過程中可以引導學生倡議活動，或以分組合作方式研擬共同可行方案。第三階段則是反思，方案付諸實施之後，有哪些問題要改進？有何感受？透過反省再次提出圓滿重要的結論。所以國際教育議題融入各領域，可以透過探究、行動與反思三階段實施歷程，以提升學生的國際教育素養。

三、多元評量

多元評量是指在學生學習的過程和學習之後，用多元方式的評量來鑑定學生的學習成效，國際教育的學習成效展現在認知、態度與行為實踐，傳統的紙筆測驗往往把重心放在零碎的知識，也常常忽略情意、態度與技能的學習。更有甚者，對於教與學的歷程，學生蒐集、討論、批判、實作、賞析等能力，無法達成評量的真實目標，因此要運用多元評量來瞭解學生國際教育學習的成效，兼顧學生對國際教育議題之概念認知、情意陶冶及行為實踐的內涵，具體而言，各種評量的種類包含檔案評量、動態評量等（Newman & Smolen, 1993）。例如：在綜合活動學習領域，學生參與國際教育的各項資料，指導學生持續一段學習的歷程，引導學生主動蒐集組織形式各項成果，整理成完整的學習檔案，評定其努力進步成長的情況。也可以針對學生國際教育參與的學習情況，採用口語評量方式，由學生透過辯論、口頭報告上臺分享和表演方式表達出來，這些都是國際教育運用多元評量的重要理念和實施方式。

四、素養導向

國際教育是強調實踐力行以成為世界公民，在課程實施與教學創新方面必須貼近素養教學的理念。教育部（2014）揭櫫新課綱的核心素養為適應現在生活及面對未來挑戰，所應具備的知識、態度與能力。吳清山（2018）認為，素養導向教育為當前中、小學教育改革重要課題之一，它改變傳統學校教育的課程、教學和評量為主的知識學習，朝向素養的學習架構，培養學生具備適應現在和未來社會所需的知識、能力和態度。

素養教學有三個核心的定義，包含知識概念、態度情感與能力實踐。對國際教育議題能夠有系統地瞭解其知識、概念、原理原則；對國際教育多元文化能夠保持欣賞與尊重的態度；同時能夠引導學生在真實生活中加以應用，並且找尋因應方案解決相關問題。教師在教材與教學活動設計要特別重視脈絡化的學習，這個歷程最適合國際教育議題之探

究與實作解決問題。在評量報告之中，可以為學生搭起學習的鷹架，引導學習的發生，並且能夠摘錄重點，運用圖表數字進行系統思考與多元能力的展現。

伍　實施國際教育之成功案例

臺東縣富山國小是一所實施國際教育成功的案例小學，富山國小是位於臺東縣卑南鄉海邊的一所偏鄉小學，也是一個純樸的阿美族社區小學，社區家長多數從事農牧漁業，經濟狀況不佳，低收入戶和原住民學生占三成以上，全校只有六班，學生人數相當少，只有20幾位，富山國小面臨了學生人數銳減而即將被裁併校的命運。

那時剛新任校長廖偉民與全校師生討論，配合實驗三法的發布實施，選擇學校必須轉型，走學校型態的實驗教育，經過社區的討論，學校的共識會議及專業的諮詢，考量全球化與本土化的時代背景，進行仔細的學校環境評估，除了有先天的海洋和自然景觀優勢之外，希望能夠發展出國際公民的宏觀目標。因此確定申請以國際教育為主軸的學校型態實驗教育，透過實驗課程，形塑富山國小學生成為能夠精通英文與國際素養之國際公民。

校長帶領全校老師積極研發國際教育實驗課程行動方案，從教師專業成長課程發展、教材編選、學校環境建構，不同面向全面實施，校本課程就是以國際教育課程為最重要的基礎，學校課程有兩大主軸，第一是國際教育，第二是英語教學，希望透過國際教育課程融入各領域，打破學科的界限，融入國際議題與本土議題，發展出跨領域的課程內容，課程的目標就是要培養國家認同、國際素養和全球責任感。

在英語教學部分，小一到小六每班有5節的英文課。而且採取混齡教學，主要用意在協助不同學習進度的學生能夠有效學習英文，培養正確的表達能力。同時與大學生合作，每週進行視訊交流，讓學生增加英語口說能力，並且把學生帶到國外實地上課，推動國際教育移動課程，暑假也規劃了全英語實驗課程讓學生理解各國社會文化樣貌。學校外籍教師與相關領域體育、藝文共同協同教學，打造沉浸式英語學習環境，全校性的英語學習環境，在於培養學生能夠和世界接軌的能力，學

生在真實的情境之中能夠理解英文，樂於用英文表達各種概念，學校預估學生英語能力能夠大幅提升。

　　經過幾年的實施，富山國際教育實驗小學，證明偏鄉小校一樣可以走入世界，培育世界公民，讓社區文化再生，學校成為社區重要的文化及教育中心，獲得家長高度的學校評價，不僅學生人數大幅增加，最重要是深耕在地文化，開展出國際教育跨領域的課程，這是一套深度與廣度兼具的國際教育課程，也是偏鄉小校國際教育實驗成功的案例。

　　上述成功案例，廖偉民（2021）研究指出其重要關鍵因素，除了學校校長是開啟實驗教育發展契機的關鍵人物之外，全校齊心合力研發實驗教育主軸課程和教材、重視教師對國際教育的專業知能與教學素養培力、調整組織的分工合作、形塑良好的環境與設備，以及安排合宜的學生學習活動，當然是重要成功要素。此外，個案學校獲得上級單位支持、實驗教育課程從在地文化出發邁向世界、計畫能獲得原住民社區家長更多之認同，這些亦為轉型發展的契機。

陸　實施策略

　　根據前述文獻分析與案例探討之結果，國際教育2.0的實施策略整理如下：

一、發揮領導團隊角色

　　學校領導者的作為，乃是其思想的直接產出物，而周圍環境的各項因素，則是影響其心理過程。根據Leithwood、Begley和Cousins（1992）觀點，領導乃是領導者整體行為之實踐，之後對於學校校務產生影響，進而影響到學生學習與教師教學。學校要落實國際教育政策，範圍相當廣泛，性質也很複雜。校長領導對學校國際教育推動，有重大之影響。具體而言，要領導全體教職員，形塑國際教育願景與目標，建立校本中長期國際教育之計畫，並擬定有效執行策略，做好組織運作、行政決定、意見溝通、領導行為等歷程，以聚合全體同仁意志，朝目標邁進。

二、強化專業人力資源

　　國際教育推動的成功關鍵因素之一，就是要有專業的人力資源，國際教育課程推動若僅依靠單一教師的零星、附加式課程或者缺乏系統性課程規劃，學生的學習成效必然有限（劉美慧，2020）。目前在人力資源方面仍有些困境，例如：教師及行政人員對於國際教育認知不足、願意投入國際教育的老師不足、學校沒有專責的行政單位、國際教育業務無法傳承等（劉耿銘，2019），因此包含校長、行政人員與教師對於國際教育的專業知能與投入，相當重要。尤其校長是學校領導者，要鼓勵教師發展社群，共同進行專業交流、落實課程共備，辦理成長課程，強化教師的外語能力和國際素養，共同研發教材教法與多元評量方式。

三、發展議題融入課程

　　「議題」屬於社會大眾關注焦點，議題融入教學可以培養學生批判與論述能力。議題多具有跨學門性質，融入多領域／科目／學習活動，更能透澈理解其中教育價值（張芬芬、張嘉育，2015）。Haynes和Murris（2012）認為探索議題具高度教育價值，能擴展批判思維。議題與素養是密不可分的關係，透過與日常生活相關的議題，培養學生有能力針對議題去分析、思考及實踐，將議題融入各科領域的教學，進而實現培育學子的核心素養（國家教育研究院，2019）。國際教育是108課綱總綱的新興議題，強調要融入學校素養導向的課程設計，尤其在課程實施的時候，要促進跨領域知識內容的連結，並且導入生活實務經驗和實質情境。例如：可以辦理模擬聯合國活動，探討模擬國際議題，深入探究與思考；也可以推動雙聯學制，進行跨國兩校合作學分的採認；在與國際各種議題接軌時，能清楚自己的角色定位，建立優質的國際教育與公民責任。

四、善用有效教學策略

國際教育最重要的目標是培育全球公民和培養學生跨文化溝通能力。教學創新策略方面，國小著重國際教育的認知及啟蒙，國中階段強調深度思考及文化欣賞，高中階段則著重於反思批判與行動。教學策略要融入素養導向精神，例如：探究的策略。賴婉玲（2019）提出IDEA模式，確認主題、課程設計、教學執行與教學評量。此外，專題式學習也是很好的教學策略，由學生主動參與國際教育真實世界，從事有意義的專題，在探究過程之中，獲取高層次的認知與態度。其次，Eisenberg與Berkowitz（1999）提出了Big 6模式；而5E教學模式也可以用在國際教育議題探究，包含投入（Engage, E1）、探索（Explore, E2）、解釋（Explain, E3）、精緻化（Elaborate, E4）、評鑑（Evaluate, E5），這些教學方法都是學校推動國際教育時，可以引導學生進行探究學習與合作教學的架構。

五、整合運用數位科技

隨著網際網路的發達，數位學習（E-Learning）一詞開始大量被使用，同步到非同步討論相當多元。其目的在於透過資訊和傳播科技的運用，以營造一個不受時空限制的探究社群（Garrison, 2011）。目前各式各樣的學習平臺相當多元，如可汗學院（Khan Academy）、均一教育平臺、因材網、LearnMode學習吧、Cool English、PaGamO。國際教育就可以利用平臺或教育雲，來整合各項國際教育學習內容，並且可以設置英語文學習專區，養成學生自動自主學習的機會，同時運用新興的科技AR、AI，創造可攜帶式英語學習情境，而學校也可以建置智慧教室，並培育技術數位專長之教師，來協助學生國際教育之專題自主學習。

六、促進學校國際化與交流

學校國際化是國際教育2.0的目標，為達學校國際化，需創造良好教育環境，引進國際學生到校學習（Hughes, 2009; Tate, 2013）。校長

要爭取各項資源，營造學校具備國際教育軟體與硬體情境，把世界帶入學校中，普及到教室之內。所以學校可以引進外籍生和國際志工進行教育交流，同時在軟硬體環境建立良好的雙語化學習情境。處在全球化及無國界的社會當中，國際交流是推動國際教育的重要管道之一，當然除了與城市學校策略聯盟進行實體國際交流，由於現代科技運用非常的廣泛，建議各級學校可以巧妙地利用科技產品，超越時空等限制，利用網路連結的方式參與國際網路交流計畫，與國外學生進行實質交流學習（宋方珺、楊振昇，2017）。例如：簽訂姐妹校合作進行實體或線上交流，爲學生第二外語提供良好的學習管道。目前教育部在各教育主管機關就有任務學校擔任國際教育資源中心（IERC），學校可以透過中小學國際教育資源中心，謀合中小學國際交流機會，並運用策略聯盟來強化進行國際交流。

柒　結語

國際教育2.0計畫實施爲六年，從2020年到2025年，願景是「接軌國際，鏈結全球」，並且希望能夠達成培育全球公民、促進教育國際化，以及拓展全球交流三個目標（教育部，2020）。國際教育2.0之推動不在菁英化，而在普及化，國際教育是讓學生認識國際重要議題與世界多元文化的現象，以期發展出多元價值觀與永續經營的認知。尤其教育部在2014年公布實驗三法，包含學校型態實驗教育、公立國民小學及國民中學委託私人辦理實驗教育，以及非學校型態實驗教育，讓實驗教育法制化，確保學生學習權益，滿足家長教育選擇權。實驗教育三法的公布，讓各類型實驗教育的學生逐漸成長，國際教育議題和雙語實驗課程都成爲學校實驗的重要內容。

面對全球化的發展，中小學的學校教育要添加國際化的要素，深化國際教育內容，強化雙語教育，融入國際議題，才得以積極培養國際化人才，進一步接軌國際，鏈結全球。

參考文獻

（一）中文部分

朱子君（2021）。COVID-19下國際相互依存意識對於國際教育之啟示。**臺灣教育評論月刊，10**(3)，97-100。

吳清山（2018）。素養導向教師教育內涵建構及實踐之研究。**教育科學研究期刊，63**(4)，261-293。

宋方珺、楊振昇（2017）。從國際交流活動析論中小學國際教育之實施成效。**學校行政雙月刊，107**，17-34。

邱玉蟾（2012）。全球化時代國際教育中的意識型態。**課程研究，7**(2)，1-30。

教育部（2014）。**十二年國民基本教育課程綱要總綱**。教育部。

教育部（2020）。**中小學國際教育政策白皮書2.0**。教育部。

國家教育研究院（2019）。**議題融入說明手冊**。教育部。

張芬芬、張嘉育（2015）。十二年國教「議題融入課程」規劃芻議。**臺灣教育評論月刊，4**(3)，26-33。

黃彥文（2021）。體現「在地全球化」精神：論中小學「國際教育2.0」與「雙語課程」接軌的問題與展望。**臺灣教育評論月刊，10**(2)，5-11。

黃冠勳（2014）。國民中小學推動國際教育之迷思與困境。**學校行政雙月刊，92**，164-181。

廖偉民（2021）。臺灣偏鄉小學推展實驗教育之探討——以臺東縣一所小學為例。**臺灣教育評論月刊，10**(9)，67-72。

蔡清田（2019）。**核心素養的學校本位課程發展**。五南。

蔡清田（2002）。**學校整體課程經營**。五南。

劉美慧（2020）。從國際教育1.0到2.0——學校本位國際教育課程與教學的發展與變革。中等教育，**71**(2)，1-16。

劉美慧、王俐蘋（2021）。國際教育2.0學校本位課程發展策略。**台灣教育，726**，1-26。

劉耿銘（2019）。中小學國際教育實施成效、困境與因應策略之研究：以新北市為例。新竹縣教育研究集刊，**19**，167-198。

劉恆昌譯（2018）。創造思考的教室：概念爲本的課程與教學（H. L. Erickson, L. A. Lanning, & R. French原著）。心理。

賴苑玲（2019）。跨領域素養導向課程設計——以「IDEA」爲例。取自：htpp://teacherlibrarian.lib.ntnu.edu.tw/index.php?id=525

（二）外文部分

Banks, J. A. (1997). *Teaching strategies for ethnic studies.* Needham Heights, MA: Allyn & Bacon.

Eisenberg, M. B., & Berkowitz, R. (1999). *Teaching information & technology skills: The big6 in elementary schools.* Worthington, OH: Linworth.

Garrison, D. R. (2011). *E-Learning in the 21st Century: A framework for research and practice.* N.Y.: Routledge.

Haynes, J., & Murris, K. (2012). *Picture books, pedagogy, and philosophy.* New York, NY: Routledge.

Hughes, C. (2009). International education and the international Baccalaureate Diploma Programme: A view from the perspective of postcolonial thought. *Journal of Research in International Education, 8*(2), 123-141.

Leithwood, K. A., Begley, P. T., & Cousins, J. B. (1992). *Developing expert: Leadership for future schools.* London: Falmer Press.

Masschelein, J., & Simons, M. (2009). From active citizenship to world citizenship: Aproposal for a world university. *European Educational Research Journal, 8*(2), 236-248.

Newman, C., & Smolen, L. (1993). Portfolio assessment in our schools: Implementation, advantage, and concerns. *Mid-Western Education Researcher, 6*, 28-32.

Schlz, S. A., Lee, J. J., Cantwell, B., McClellan, G., & Woodard, D. (2007). Moving toward a global community: An analysis of the internationalization of student affairs graduate preparation programs. *National Association of Student Personnel Administrators, 44*(3), 610-632.

Tate, N. (2013). International education in a post-enlightenment world. *Educational Review, 65*(3), 253-266.

Zimmerman, C. (2007). The development of scientific thinking skills in elementary and middle school. *Developmental Review, 27*, 172-223.

問題與討論

一、為何要發展國際教育2.0白皮書？其外在、內在因素為何？

二、國際教育2.0白皮書與學校本位課程發展有何關聯？

三、概念為本的教學設計如何應用在國際教育2.0政策？

第九章

老人學、學人老、老學人：老年世代與學校教育

劉國兆

　　一個人要幫助弱者，應當自己成爲強者，而不是和他們一樣變
成弱者。

　　　　　　　　　　　　　　　　　　　　　　　～羅曼・羅蘭

 壹　緒論

　　學校教育的出現，可以追溯至歐洲國家的誕生，爲了讓國家政權
得以鞏固，執政者的政策得以順利推動，於是開始制定義務教育的法
令，規定學生必須進入學校受教育。至於學校教育的內容，則從培養遵
守國家規定的國民，隨著社會變遷、民主發展與時代演進，調整成培養
具有批判思考能力的公民。而學校教育的主體，也從國家中心，移轉至
教師中心，再移轉至以學生爲中心。不過進一步分析「學生」這個詞所
指稱的對象，不外乎從幼兒園、國小、國中、高中職、大專院校到研究
所階段的在學學生，但是面對社會組成分子中已漸居多數人口的老年世
代，現行的學校教育的範圍及學生的定義，並未將其納入。

　　談到老人的教育，就會以非正規的、教育體制外的、非學業性質
的、適合老人身心狀況的方式加以規劃設計。所謂的「活到老、學到
老」，往往是期待老人要繼續動腦思考，搭配手腳運用，拓展老年人際
關係，只要別成爲「宅老人、獨老人」就好。老年世代已然到來，但是
當今教育面對社會變遷議題的因應方式，卻仍然以舊思維，將老人視爲
是社會中的客體，或視爲是被客體化的主體，並未眞正思考，學校教育
是否須從結構制度上做翻轉與澈底改變。

　　我國學校教育的發展，歷經九年一貫課程與十二年國民基本教育的
歷程，教育的核心也從「能力」觀點，轉變成「素養」導向。除了八
大學習領域之外，雖然會將重要議題、國際趨勢、時代潮流等納入課
綱、結合領域或放入學校行事活動中。但是，如果將整個社會視爲一所
大學校，每個世代與不同年齡層都可以視爲是學習者（學生）的概念來
看，從國小、國中到高中教育階段已經串聯在一起，但是學前教育、
大學教育、成人教育，甚至是新興的老人教育，卻缺乏一個主軸的貫
串。

　　我國於1994年邁入「高齡化社會」，於2018年邁入「高齡社會」，2026年將再邁入「超高齡社會」，到了2060年，全球老年人口所占比率最高之國家，我國將列於第二位：換句話說，老年世代已然來臨。如何進行「老人學」的跨域研究，縱向連結從生到死的每一個階段，橫向統整教育、社福、醫療、保險、照護、科技、商業、勞工、住宅、空間規劃等相關領域；如何規劃「學人老」的經驗傳承，老與死之間已經不是必然的等號，而是一種學習、成長、淬鍊的人生歷程；如何深化「老學人」的學問結構，學習不專屬於年輕世代，學習已是一種終身不間斷的人生實踐。因此，老年世代所涉及的老人學、學人老、老學人，應該與學校教育做一連結，成為整個跨世代的共學議題。

　　本文將藉由文獻分析，借鏡如日本等國面對老化議題的處理經驗，並提出教育社會學新的研究觀點，以反思學校教育與老人學、學人老、老學人之間的連結，以積極回應未來社會的變遷，讓教育的改革不再只是片段式的改變，並重新檢視學生的定義，思考學校教育如何回應老年世代來臨的各種挑戰與變革。

貳　老年學相關研究探討

一、老年學研究範圍

　　老年學（gerontology）是一門新興的學問，在成為特定的研究領域前，老年被視為是人生生、老、病、死中的自然現象，是無法避免的階段。直到世界各國面臨老年人口的增加，開始超越不同年齡世代人口，並成為國家社會中的主要世代後，政府機構意識到，政策、制度、空間、環境、思維等各個層面的規劃與作法，無法跟上社會變遷的腳步。

　　於是老年學隨之誕生，並從醫療、社福、照護等研究領域，逐漸擴大到老人的生理、心理及社會層面，研究範圍也觸及運動、教育、政策、社會參與、經濟安全、住宅、就業、交通運輸等各方面。

　　本研究提出「老人學、學人老、老學人」三個論點，老人學從教育學層面論述整體教育思維的改變；學人老從社會學層面論述整體社會對

於老人的理解、相互尊重與包容；老學人從教育社會學層面論述老人研究是教育與社會之間的最佳介面。

二、國內相關研究探討

國內對於老年學的研究，從醫療、社福、照護等研究領域作為出發點，這個時期的研究重點，著重於老人必須從醫療保險體系、社會福利制度與健康照護方案中，獲得妥善的治療、安置、處遇與對待，研究的主體看似是老人，其實老人只是客體，是被客體化的主體，因為老、病、死是相隨的過程，在接近人生的終了，不要成為社會發展的負擔就好。進入到老人的生理、心理及社會層面的研究階段，關注到老人生理變化、心理健康與社會網絡之間的連結，老人逐漸從被客體化的主體，移轉至研究的主體，只是這個主體，並沒有獲得論述的話語權，而是研究人員所描繪出的主體。近來的研究則觸及運動、教育、政策、社會參與、經濟安全、住宅、就業、交通運輸等各方面，研究的中心思維是從老人的需要作為出發點，提供老人適性、防老、在地、多元、成長、便捷等各種服務，到了這個階段，老人才是真正的研究主體（林珊如、楊培珊，2008）。

從前述國內對於老年學研究階段的演變趨勢，可以看到老人已成為真正的研究主體，並從老人需求作為研究出發點，進而開展出多元研究的面向。

三、國外相關研究探討

國外對於老年學的研究，歷經古典理論典範至後現代理論典範的移轉，研究的趨勢與主題，也從「生物—心理—社會」，轉變成「制度—文化—靈性」主軸。以美國老年學的研究來說，研究的主題與趨勢，從早期的「老化的生物學、心理學、社會學理論」之研究、「老年精神官能醫療」之研究、「機構與非機構照顧」之研究、「老年社區服務」之研究、「代間關係」之研究等，轉變成「從政策批判取向探討老年公共政策與立法」之研究、「從政治經濟學觀點探討老年福利」之研究、「從泛文化比較觀點探討老年問題」之研究等（林珊如、楊培

珊，2008）。以日本來說，更是透過公部門與民間企業的通力合作，讓日本成為一個專為老人設計，也由老人主導的國家。日本老年學的研究，正在全面性的開展，包括：「老年社會政策、老年教育政策、老年商業策略、老年科技、老年消費、老年社交、老年保險、老年休閒、老年醫療、老年照護、老年住宅、老年空間規劃」等；民間企業也全力投入老人領域，設立研究室，進行相關研究（福澤喬，2021）。

　　從前述國外對於老年學研究階段的演變趨勢，可以看到老年學研究進入到批判反省的取向，將老人視為研究主體，對於老人需求、政策及相關問題進行反思，以真正符合老人的需要（Moody, 1988）。

參　學校教育相關研究探討

一、學校教育研究範圍

　　在教育發展的進程中，從原本屬於特定階級才可以擁有的個人學習權利，發展至私人辦學的方式，再發展成政府辦學的模式，並將教育納為國家事務之中。不過學校教育（school education）一詞的出現，應該與宗教發展息息相關，在政教合一或是宗教凌駕政治的年代，學校教育是為了宗教而服務，接著是為國家政權而服務，現今的學校教育則是為了學生而服務（譚光鼎，2010）。

　　至於學校教育研究的主題與趨勢，隨著服務對象的不同、時代潮流的變遷、國際趨勢的發展等，開展出多元的研究取向。

二、國內相關研究探討

　　國內對於學校教育的研究，與國家政策取向與教育研究趨勢攸關，並接軌國際潮流發展。從學校內部的教育事務，逐漸向外擴大範圍至社區、社會、國家、國際，研究取向也從社會結構論，移轉至批判取向。

　　近來，教育受到資訊科技及其他跨領域諸多因素的影響，所以研究主題更加多元，也更趨向時代潮流。然而以學生為主體的學校教育研究中，學生的定義，從幼兒園到研究生，從在學生到在職生，雖然會討

論老化教育融入學校教育、老人的適性教育等，但仍然將老人排除在學校教育外，老人仍被視為非正規教育體制中的參與者而已（杜正勝，2006）。

三、國外相關研究探討

國外對於學校教育的研究，更臻成熟與多元，也因為教育體制趨向多元開放，連帶使得相關研究成果豐碩。無論教育政策與相關政策的分析與批判、教育與非教育領域的連結與論述、從全球政經局勢來做教育未來趨勢分析、從跨領域與跨理論的立場研究，進而提升教育理論的多元與厚實等。

更重要的是，老人不再是學校教育的絕緣體，學校教育制度是可以配合老年人口的增加與壽命的延長，並尊重老人學習學術性知識的意願，進而解構既有的學校制度，重新建構納入老人也符合需求的學校教育（福澤喬，2021）。

肆　從老人學、學人老、老學人的觀點探討老年世代與學校教育的關係

社會是由不同世代的人口所組成，而老年世代（older generation）是一個人口比例逐漸攀高，甚至已在世界先進國家躍居主要人口的族群。在臺灣將年滿45歲至65歲之人稱為「中高齡者」，將逾65歲之人稱為「高齡者」。也因為老年人口比逐漸升高，已有國家正在或已經完成修法，將退休年齡往後延，並著手調整各種制度，改變原本符應從兒童到中壯年人口需求的國家經濟、社福、保險、醫療、科技、商業、勞工、住宅、空間設計、教育等各種政策規劃，將老年人口納入其中，以因應老年世代的來臨。本文從學校教育作為出發點，分別從「老人學、學人老、老學人」，包括：教育學、社會學與教育社會學三個層面，探討老年世代與學校教育的關係。

一、從老人學的觀點

本文提出的「老人學」論點，是從教育學層面論述整體教育思維的

改變。教育學者往往將老人排除於學校教育之外，因為學校的設立是為了學生，而學生的定義不包括老人，連老人自己也認為歷經身心發展及變化後，學校教育的課程、教學與學習的規準，自己已無法適應，於是將自我排除於學校教育之外，理所當然地成為教育中的「客體」（劉國兆，2022）。

學校教育的發展與國家政權的鞏固之間關係密不可分，國家意志的行使，必須透過教育的普及化，才能夠教化人心，讓國家機器得以順利運轉（Foucault, 1980）。而國家機器運轉中不可或缺的要素，自然是具有生產力的年輕世代，包括：幼兒、兒童、青少年、青年到成人時期。配合每個時期學生的身心發展特質，施以不同的法令規範，包括：《幼兒教育及照顧法》、《國民教育法》、《高級中等教育法》、《大學法》，針對失學國民及新住民亦訂有《教育部補助辦理成人基本教育實施原則》，另針對身心障礙及資賦優異之國民則訂有《特殊教育法》。長久以往被忽視的老人，終於在2006年教育部發布的《邁向高齡社會老人教育政策白皮書》中，確立了老人的「位置性」（Alcoff, 1988: 435）。當時的教育部長在序言中提到（杜正勝，2006：2）：

> 我們更重視必須以教育的方式使國人準備好如何面對社會高齡
> 化的嚴峻挑戰，是為本部訂定老人教育政策白皮書的主要目
> 的。

從老人教育的發展階段中，可以進一步檢視老人在教育中「位置」的移動，第一個階段的老人教育提倡的是「充實生活內涵取向」（杜正勝，2006：22）：

(一)1978年至1980年充實生活內涵取向的老人教育：1978年基督教女青年會，為發揚敬老尊賢美德、倡導老人休閒活動、增進老人生活情趣、促進老人身心健康，特創立「青藤俱樂部」，藉演講座談、技藝研習、娛樂休閒等活動，發揮老人再

教育的功能，開創老人教育的先河。

第二個階段的老人教育提倡的是「福利服務取向」（杜正勝，2006：22）：

(二)1981年至1988年福利服務取向的老人教育：1980年政府公布實施《老人福利法》，次年，高雄市政府社會局率先與女青年會合作辦理「長青學苑」，可算是我國有組織的老人教育的開始。1983年臺北市政府主導辦理「臺北市長青學苑」，臺灣省政府則於1987年訂頒「臺灣省設置長青學苑實施要點」，並由省社會處輔導各縣市選擇適當處所，設置長青學苑，這些機構對老人教育活動及課程的規劃，以社會福利及休閒育樂的方式為主。

第三個階段的老人教育提倡的是「終身教育取向」（杜正勝，2006：22）：

(三)1989年後終身教育取向的老人教育：1989年教育部舉行第六次全國教育會議，會中結論之一為「建立成人教育體系，以達全民教育及終身教育目標」，並訂定「老人教育實施計畫」，明示老人教育的目標為協助老人自我實現、協助老人重新就業及擴充其生活領域。1991年教育部訂頒「發展及改進成人教育五年計畫」，自此教育單位始重視老人教育的推動。1993年，教育部公布「教育部82年度獎助辦理退休老人教育及家庭婦女教育實施要點」，補助各鄉鎮市區開設老人學苑及婦女學苑。1994年第七次全國教育會議中提出推展終身教育議題，建議對銀髮族教育應詳加規劃，開啟了終身學習的風潮。

老人在教育中的「位置」，從「生活」走向「福利」，最後才走向「教育」，而隨之興起的是「老人學」這門學問。林珊如、楊培珊

（2008：97）提到：

> 老人學的形成與發展始終與老齡問題的演變及其對策研究相關
> 聯……，老人學是一門伴隨著人口老齡化發展而逐漸形成的新
> 興學科。

　　這門新興學科發展至今的重要趨勢，包括：微觀與宏觀角度並重、多元學科發展、從研究健康老化到研究正向老化、從「依賴」到「獨立自主」、重視老年人的異質性與高齡老人的增加速度等六大趨勢（林珊如、楊培珊，2008：97-98）。

　　老人學的研究領域，從醫療、社福、照護等研究領域，進入到老人的生理、心理及社會層面的研究階段，更擴大範圍觸及運動、教育、政策、社會參與、經濟安全、住宅、就業、交通運輸等各層面。老人在研究中的位置，也從被客體化的主體，移轉至研究人員所描繪出的主體，再移轉至以老人的需要作為出發點的主體（林珊如、楊培珊，2008：97）。

　　學校教育內容的設計，也必須將老人的需要納入其中，讓教育的對象從幼兒、兒童、青少年、青年、成人延伸至老人。老人教育的課程、教材、教學方式有待研發與創新（杜正勝，2006：25）。在2006年教育部發布的《邁向高齡社會老人教育政策白皮書》中提到（杜正勝，2006：25）：

> **先進國家的老人教育已跳脫補償性老人教育的思維，從社會變**
> **遷需求的角度出發，提供老年人發展性的教育型態與課程**，如
> 重視老人人力資本的再訓練、退休前教育的提供，重視弱勢老
> 年族群的教育機會均等，並彈性運用高科技或多元化的教學。
> 反觀，我國教育單位所辦理的老人教育方式仍以演講、座談或
> 識字教育為主，缺乏創新及彈性。未來應加強老人教育的課程
> 研發與創新，提供老年人更適當且有趣的教育活動，以吸引更
> 多的老年人投入學習行列。

　　至於要如何跳脫「補償性老人教育」的思維，以老人作為學習的主體，重新思考老年人的異質性。林珊如、楊培珊（2008：98）在研究中提到：

　　雖然老化或老年人這些名詞不斷地被使用，但實際上並無法用任何統一的概念或資料來包含所有的老人，因為每個人都有不同的生心理特質、家庭背景、歷史文化影響以及**處在不同社會的時空條件之下，不同的特質與不同的條件造就了不同的老人**，例如：男性與女性、高社經與低社經地位、教育程度、種族與文化等。特別需要注意的是**老年是人生最長的一個發展階段**，無論是一般性有關老人的談論或系統性的研究，許多時候人們都忽略了**年輕老年（young-old 65歲至74歲，又稱初老年）與老老年（oldest-old，指85歲以上）**的不同。一個百歲人瑞與一個剛剛退休的老人，雖然都屬於老人一族，但彼此之間的差異是相當大的。實務經驗顯示，老人本身相當重視這樣的異質性，當被「一視同仁」地對待時，老人的感受往往是相當反感的。

　　由此可知，學校教育因應老年世代的來臨，必須提出具體的行動策略（杜正勝，2006：26）：

　　最重要的是**在學習主體部分**，老人對終身學習的認知、意願與行動均嚴重不足，亟待參考先進國家老人教育的政策，**確立我國老人教育目標，提出具體推動策略**，透過教育的方法，落實老人的終身學習，營造對老人親善的高齡社會。

　　鄰近國家如日本，已發展出專為老人設立的「熟齡大學」，但是從申請入學到畢業獲取學位，過程中跟一般大學無異，包括：學分數、學術標準、論文撰寫、被當比率等，不會因為是老人的身分就會有差別待遇（福澤喬，2021）。

因此，從教育學的層面來看「老人學」，除了因應未來社會變遷的諸多議題，包括：後全球化理論、全球資本主義與永續發展、教育市場化的衝擊及國際移動力與全球公民素養等議題外，更要重視老年世代下學校教育整體思維的改變，縱向將幼兒教育、國民教育、高中教育、大學教育、成人教育及老人教育，貫串在一個主軸中；橫向則統整教育、社福、醫療、保險、照護、科技、商業、勞工、住宅、空間規劃等相關領域，讓老人學成為一門與各個世代都能交集互動的學問。

二、從學人老的觀點

本文提出的「學人老」論點，是從社會學層面論述整體社會對於老人的理解、相互尊重與包容。社會大眾對於老人一詞，常帶有刻板印象及負面的想法，老人自己也覺得是社會的負擔或累贅，老人是社會中被他者化的主體。然而老人的「老」字，是一個靜態的名詞，描述了人在歲月的洗禮後，生理、心理等改變後的狀態；「老」字，也是一個動態的動詞，歷經出生、為人子女、求學成長、成家立業、為人父母後，最後成為長者的變化過程。

每一個老人，都象徵一個家族的故事，也都是一部跨越時代的生命史歌，近年來，研究者投入老人故事的研究，希望促成老人、研究者與讀者之間的交流與對話。臧國仁、蔡琰（2005：14）在研究中提到：

> 老人敘事之重要性顯係奠基於對「說故事」（敘事）的看重，尤其是這些故事所累積之生活經驗，以至於即便其係以「個案」形式出現（每位老人所述之故事皆有不同），對公共政策（如老人福利）而言恐仍有社會集體意義。

每位老人看似在敘說自己的生命故事，然而不同故事的匯集，交織而成的可能是時代發展中的政治、經濟等剖面圖。臧國仁、蔡琰（2005：16）在研究中提到：

> 如對某些榮民或老兵而言，參加軍事戰役常是情感上最難忘懷

的人生高低潮定點（勝敗情感）。但對經商老者而言，**生意投資成就則係最具回憶價值之時間點**。

每位老人對於國家社會來說，都曾經有自己的貢獻與定位，但是，一旦成為老人後，究竟是國家社會的珍寶或是負擔呢？在陳端容、陸子初、吳冠穎的研究中發現（2022：332）：

> 以資源競爭論來看，在亞洲國家，除了**老年人口激增外，生育率也面臨大幅下降，使人口進入負成長階段，勞動力將愈趨短缺，醫療與長照資源需求亦隨之增加，對於工作人口來說，是沉重的壓力。扶老比不斷增加下，代間資源衝突可能導致老年人被視為社會的負擔，指向老年人使用過多社會共享的資源，而損害年輕人的福利，如健保或社會福利（即「消費占用論」）**，或是認為老年人應讓出資源或政治權力給年輕人（即「傳承論」），從而形成針對老人的年齡歧視。

由於醫療與長照資源需求增加、代間資源衝突等原因，導致年輕人對老人的年齡產生歧視。陳端容、陸子初、吳冠穎的研究中發現（2022：343）：

> 青壯年**在社會經濟環境中愈處於劣勢，對生活環境的控制感愈差，則會對老年人有較多敵意，形成老年人占用過多的社會經濟資源的「消費占用論」思維，或是要求老年人在政治權力上讓位或傳承的敵意。**

人口老化對社會的衝擊，最直接而龐大的壓力反應在養老金、健康照護及社會照顧等三方面（杜正勝，2006：9）。在2006年教育部發布的《邁向高齡社會老人教育政策白皮書》中提到（杜正勝，2006：9）：

1. 在**養老金給付方面**，由於老人人口的增加，使政府在養老金方面的財政支出快速成長，**成為財政上的一項沉重負擔**。

2. 在**健康照護花費方面**，由於老年人健康較差，慢性疾病普及率高，長期臥病的失能者、需要照護者也增多，這些醫藥照護上的**支出也相當龐大，幾乎與養老金的支出相當**。

3. 在**社會福利的支出方面**，老人需要多種社會照顧與服務，如老人住宅、到宅服務、家事協助、交通接送服務、心理諮商、居家安全、財務管理、休閒娛樂安排、餐飲服務、法律協助等。**在已開發國家，政府在老人福利方面的承諾，約須花費國內生產毛額的9至12%**。

從社會結構與制度來看，資源如果無法做妥善的運用與分配，加上貧富差距的日益擴大，就會造成階級差異的鴻溝日深，彼此之間的衝突就會擴大（劉國兆，2015：75）。然而世代之間並非是利益競逐的緊張關係，在世代交替之間，必須讓世代之間找到共存共榮的價值觀。進一步地，需要讓大家知道老年世代來臨對社會的正面效應（杜正勝，2006：9）：

> **社會人口高齡化現象，有其實際的正面效益：一為社會犯罪率的減少**。研究顯示，老年人的犯罪率是各年齡層最低的。犯罪事件，尤其是暴力犯罪，大多為年輕人所為。老年人較有宗教化傾向，也可藉此教導年輕人。其次，**老年人容易締造社會溫馨良善的一面**，在先進國家，絕大多數的老年人往往投入志工的行列，在社會各階層默默義務付出，展現服務的光與熱，為締造志工社會而努力。三為**扮演良師的角色**，老年人具有相當豐富的工作經驗及人生閱歷，這只能從經驗中方能學到的**智慧，可以傳承給年輕人，代代相傳，使社會得以進步**。

因此，從社會學的層面來看「學人老」，必須促成整體社會對於老人的理解、相互尊重與包容，去除社會大眾對於老人一詞所帶有刻板

印象及負面的想法，也讓老人從社會中被他者化主體的困境中解放出來
（蔡文輝，2000），更必須面對社會在邁向老化的過程中諸多議題的
挑戰。林珊如、楊培珊（2008：98）在研究中提到：

> 總而言之，**老化是一個複雜而多面向的議題**，無論是個體老化
> 還是群體老化，都是自然而不可避免的進程。但面臨老年人口
> 增加所帶來的種種挑戰如：多樣化老年商品的需求、家庭及社
> 區功能的強化與支持，**各種資源的充分有效利用、新的文化價
> 值觀產生**等，產、官、學界都有共識，必須相互配合與支援，
> 才能創造人類壽命延長後更美好的未來。
>
> 因此，造就一個適合老年人生活、居住的社會環境，調整、充
> 實、建立一個適合老化社會的體制。增進老年人與社會、社區
> 的密切聯繫。促進老年人與青年人的交往、聯繫，使老年人保
> 持晚年的身心健康，具有積極的社會意義。**針對老化社會對社
> 會及經濟的影響，政府各部門、市場、非營利組織以及每一個
> 個人，都應即早準備，努力營造一個聯合國所揭櫫的健康、和
> 諧、「不分年齡、人人共享」的社會**（a society for all ages）。

如何規劃「學人老」的經驗傳承，老與死之間已經不是必然的等
號，而是一種學習、成長、淬鍊的人生歷程。在世代之間互為主體性
的學習成長之路上，年輕人可以是老年人的學生；反之，老年人也可
以是年輕人的學生，這是一種既是學生也是老師的相互關係（Giroux,
1990）。我們必須不斷創造出跨世代之間的共同信念、價值與共存之
道，從「學人老」的經驗傳承中，學習「換位思考」、「同理思考」及
「批判思考」。在2006年教育部發布的《邁向高齡社會老人教育政策
白皮書》中提到（杜正勝，2006：18）：

> **「老化」主要並不是一種生理過程，而是一種社會過程或文化
> 過程**。要改變大部分人的想法，掃除迷思，替代以有科學根據

的論斷，並非易事，因為必須先把過去深植人心的想法連根拔起，就像學習新的事物，必須先拋棄過往陳舊、甚至根深蒂固的東西。因此，**必須從小培養對老化的正確觀念，透過正規教育與社會教育，摒除對老年人的年齡歧視**，重新喚起全民「敬老尊賢」的觀念，提倡代間瞭解，**促進不同世代的人相互溝通與交融**，營造對老人親善的普世價值。

這種「普世價值」，絕非放諸四海皆準的一種絕對標準。而是世代之間經過「學人老」的經驗傳承，一種相互理解與尊重後，所獲致的共識與行事準則。

三、從老學人的觀點

本文提出的「老學人」論點，是從教育社會學層面論述老人研究是教育與社會之間的最佳介面，教育社會學關注的三個層面是結構、主體與文化（譚光鼎，2010）。從結構面來看，中上階級文化成為社會的主流文化後，他們的價值觀被融入社會大眾的生活之中，並且被轉變為常態性，其中被賦予高度的合理性，而老人的價值觀卻是被排除在外的（Freire, 1970）。從主體面來看，Foucault認為主體有兩種意涵：第一種是以自我知識或良知而建立起來的自我認同，即「自主之體」；第二種是受制和依從於他者的自我，即「被主宰之體」。換言之，Foucault認為人為自主之體，也是被主宰之體（Foucault, 1980）。老人雖為自主之體，卻也是被社會結構所宰制的被主宰之體。從文化面來看，文化研究認為人須經由日常生活的實踐行為，去建構自己的身分認同及思想觀念，然後付諸實現。因此，老人也必須在日常生活中，建構出自我的身分認同（張建成，2002）。

在《Erikson老年研究報告》中，Erikson的心理社會發展論將人類發展分為八大階段，包含嬰兒期（infancy）、幼兒期（early child-hood）、學前期（play age）、學齡期（school age）、青少年期（ado-lescence）、成年前期（young adulthood）、成年期（adulthood）、老年期（old age）。Erikson選擇「統整」（integrity）和「絕望」

（despair）來代表老年期所面臨的危機及壓力狀態，並用「智慧」
（wisdom）來象徵這人生最後階段所擁有的力量（Erikson, Erikson, &
Kivnick, 2000）。

在《老人統整與絕望之研究——以苗栗地區老人為例》研究中，研
究者以Erikson的心理社會發展論中老年期的「統整」和「絕望」兩種
相對人格傾向，去探討平衡關係與先前發展任務之間的關係。研究發現
具備「生產」、「主動」、「認同」三種人格傾向的老人，較具有統整
感；具備「不信任」、「自卑」、「親密」、「孤立」四種人格傾向的
老人，較具有絕望感（陳佳禧，2004）。不過足夠的統整感加上適度
的絕望感，一方面可以幫助老人肯定生命，另一方面也可以逐漸接受死
亡的必然性。

教育社會學關注的三個議題：階級、族群與性別中，無論是階級的
劃分、族群的分類與性別的定義，「老人」往往被忽視，也造成研究上
時間序的斷裂。因為研究的對象，無論是階級、族群與性別議題，從幼
兒、兒童、青少年、青年到成人，唯獨老人的研究最為匱乏。在2006
年教育部發布的《邁向高齡社會老人教育政策白皮書》中提到（杜正
勝，2006：18）：

> 若與先進國家相較，我國老人教育不僅在實務，推動上緩慢不
> 前，**在學術研究上也顯得普遍不足**。因此，支持國內發展有關
> 老人學等相關領域的學術理論研究，將會是政策執行與推動的
> 強大助力。

因此，從教育社會學的層面來看「老學人」，老人豐富的生命經驗
與人生智慧，是串聯教育與社會的最佳媒介。如何強化老人的研究，深
化「老學人」的學問結構，學習不專屬於年輕世代，學習已是一種終身
不間斷的人生實踐。聯合國於2002年4月8日在西班牙馬德里召開第二
次老齡問題世界大會，並通過了修改後新的《國際老齡行動計畫》。林
珊如、楊培珊（2008：95-96）在研究中提到：

此次大會中提出了「二十一世紀高齡化研究議程」，包括四大部分：**高齡化問題的主要優先次序、關鍵性的研究領域、研究方法的攸關議題以及研究議題的建立**。此計畫彰顯全球化的老人與老化研究相關的重要議題與項目。

爲協助各國社會回應人口老化過程，「老齡問題世界大會」建議其所應採取的重要行動策略，包括（林珊如、楊培珊，2008：95-96）：

· 人口老化問題與國家社會發展之間的關係，尤其是發展中國家而言；
· 將老化問題納入當前種種全球發展議程主流的策略；
· 爲建設「不分年齡，人人共享」的社會，建立公私部門之間以及與非政府組織之間的夥伴關係的形成；
· 使代與代間更加和衷共濟的策略。

根據行動策略提出三大重點領域，並針對每一項重要工作，提出目標以及具體的行動策略（林珊如、楊培珊，2008：95-96）：

重點領域一：老齡化世界的發展
(1)老年人在社會及發展中的參與問題；
(2)勞動力老化問題；
(3)農村地區的發展、移民及城市化問題；
(4)老年人參與學習、受教育及接受培訓問題；
(5)代間關係問題；
(6)消除貧窮問題；
(7)收入和社會保障問題；
(8)老年人在緊急／災害狀態下遇到的問題。

重點領域二：老年人的健康

(1)終身健康和精神健康；

(2)醫療服務問題；

(3)愛滋病問題；

(4)醫護人員的培訓問題；

(5)心理健康；

(6)老年期身心障礙問題。

重點領域三：改善社會及支持性環境

(1)住宅與生活環境；

(2)照顧問題；

(3)對老年人歧視和暴力問題；

(4)社會對老年人所持態度。

鄰近國家或地區，如香港、日本、韓國等，目前關注的老人議題中，特別是「下流老人」的問題，我國亦重視「強化弱勢老人教育機會」（杜正勝，2006：32）：

聯合國關懷老人原則之一，即為無論年齡、性別、種族、能力、經濟貢獻或其他狀態的差別，一律平等對待之。老人教育是老人的基本人權之一，在推展老人教育的同時，除了為身心健全、高知識、高社經地位的老人提供適當的教育型態外，也應該關注身心障礙、原住民、獨居老人、貧窮老人及偏遠地區、鄉村地區等弱勢老人的教育權利，如此方為真正落實老人教育權的實現。為瞭解弱勢老人教育的需求，應定期辦理需求調查，並透過社區、鄰里或福利機構等各種管道，增設或改進現有的學習環境、資源與設施，並成立相關的教育服務團體，提供諮詢與輔導服務，以提升他們的能力與自信心，有尊嚴且樂觀的生活。

　　強化老人的研究，從結構層面、主體層面與文化層面，讓老人教育的論述獲得應有的重視與地位，而弱勢老人的教育權利，更是階級、族群與性別研究中的重要課題。

伍　結論與建議

一、結論

　　未來社會所面臨的問題，不光只是日新月異的科技資訊，也不只是教育改革的推陳出新。到了2060年，高齡化的臺灣社會，將邁向全球老年人口所占比率最高之國家第二名的位置。老年世代已然來臨，如何進行「老人學」的跨域研究，規劃「學人老」的經驗傳承，深化「老學人」的學問結構，成為整個跨世代的共學議題。從教育學的層面來看「老人學」，除了因應未來社會變遷的諸多議題，更要重視老年世代下學校教育整體思維的改變，縱向將幼兒教育、國民教育、高中教育、大學教育、成人教育及老人教育，貫串在一個主軸中；橫向則統整教育、社福、醫療、保險、照護、科技、商業、勞工、住宅、空間規劃等相關領域，讓老人學成為一門與各個世代都能交集互動的學問。從社會學的層面來看「學人老」，必須促成整體社會對於老人的理解、相互尊重與包容，去除社會大眾對於老人一詞所帶有刻板印象及負面的想法，並規劃「學人老」的經驗傳承，老與死之間已經不是必然的等號，而是一種學習、成長、淬鍊的人生歷程。從教育社會學的層面來看「老學人」，老人豐富的生命經驗與人生智慧，是串聯教育與社會的最佳媒介。如何強化老人的研究，深化「老學人」的學問結構，學習不專屬於年輕世代，學習已是一種終身不間斷的人生實踐。

二、建議

　　根據以上結論，本文提出如下建議：

(一) 進行「老人學」的跨域研究

　　國內目前已設立「老人學」研究所，政府也已委託學者專家完成大型的跨域研究計畫，相關學術及研究機構亦正進行從事「老人學」相

關研究，成果日漸豐碩。從國際研究「老人學」的趨勢來看，學校教育必須做整體思維的翻轉與重建。縱向將幼兒教育、國民教育、高中教育、大學教育、成人教育及老人教育，貫串在一個主軸中；橫向則統整教育、社福、醫療、保險、照護、科技、商業、勞工、住宅、空間規劃等相關領域，讓老人學成為一門與各個世代都能交集互動的學問。在下一波教育改革工程發動之前，老人學必須納入其中，讓教育改革不再只是斷裂式、階段性、片面式的改革，而是一種完整人生的全面性規劃設計。

(二) 規劃「學人老」的經驗傳承

國內目前正在進行「學人老」的經驗傳承工作，包括：社區大學、民間單位、養老托老相關機構、學校的樂齡中心等單位，臺北市還成立了「代間共學」基地。「學人老」的經驗傳承，可以從跨世代之間互為主體性的模式出發，年輕人可以是老年人的學生，老年人也可以是年輕人的學生，這是一種既是學生也是老師的相互關係。我們必須不斷創造出跨世代之間的共同信念、價值與共存之道，從「學人老」的經驗傳承中，學習「換位思考」、「同理思考」及「批判思考」，經過相互理解與尊重後，獲致共識與行事準則。

(三) 深化「老學人」的學問結構

國內目前在深化「老學人」的學問結構方面，除了持續發掘老人豐富的生命經驗與人生智慧，成為串聯教育與社會的最佳媒介外，如何強化老人的研究，從結構層面、主體層面與文化層面，讓老人教育的論述獲得應有的重視與地位，更讓弱勢老人的教育權利，成為階級、族群與性別研究中的重要課題。

誌謝：本文初稿發表於第29屆臺灣教育社會學論壇國際學術研討會

參考文獻

（一）中文部分

Erikson, E. H., Erikson, J. M., & Kivnick, H. Q. （2000）。老年研究報告：人生八大階段（周怜利，主譯）。臺北：張老師文化。

杜正勝（2006）。邁向高齡社會老人教育政策白皮書。臺北：教育部。

林珊如、楊培珊（2008）。迎接高齡化社會來臨：老人學與老年研究資源初步調查。圖書館學與資訊科學，**34**(2)，93-114。

張建成（2002）。批判的教育社會學研究。臺北：學富。

陳佳禧（2004）。老人統整與絕望之研究——以苗栗地區老人為例（未出版的碩士論文）。南華大學生死學研究所，嘉義縣。

陳端容、陸子初、吳冠穎（2022）。老人是珍寶或是負擔？亞洲青壯世代對老年人的態度。台灣公共衛生雜誌，**41**(3)，331-346。

福澤喬（2021）。當我們一起活到**100歲**：人生百年時代，日本教我們的那些事。臺北：平安文化。

臧國仁、蔡琰（2005）。與老人對談——有關「人生故事」的一些方法學觀察。傳播研究簡訊，**42**，13-19。

劉國兆（2015）。霸凌問題的社會學分析：日本與臺灣的比較研究。比較教育，**79**，59-95。

劉國兆（2022）。高等教育中運動社團參與情形之性別分析：後結構女性主義觀點。載於吳清基（主編），教育政策與議題趨勢（第五章）。臺北：五南。

蔡文輝（2000）。社會學。臺北：三民。

譚光鼎（2010）。教育社會學。臺北：學富。

（二）英文部分

Alcoff, L. (1988). Cultural feminism versus post-structuralism: The identity crisis in feminist theory. *Signs, 13*(3), 405-436.

Freire, P. (1970). *Pedagogy of the oppressed*. New York: Continuum.

Foucault, M. (1980). *Power/knowledge: Selected interviews and writings, 1972-1977*.

Brighton, Sussex: Harvester Press.

Giroux, H. (1990). Curriculum theory, textual authority, and the role of teachers as public intellectuals. *Journal of Curriculum and Supervision, 5*(4), 361-383.

Moody, H. R. (1988). Toward a critical gerontology: The contribution of the humanities to theories of aging. In J. E. Birren & V. L. Bengtson (Eds.), *Emergent theories of aging* (pp. 19-40). New York: Springer.

問題與討論

一、老年學（gerontology）是一門新興的學問，也是一個含括各領域、各層面的重要議題。而老人在老年學研究主體地位中的演變，更從「被客體化的主體」，轉變成「無話語權的主體」，再轉變成「真正的主體」。請您從老年學研究發展中老人主體性位置的移動，論述對於老人學發展的影響是什麼？

二、從跨世代之間互為主體性的模式出發，年輕人可以是老年人的學生，老年人也可以是年輕人的學生，這是一種既是學生也是老師的相互關係。為了創造出跨世代共同信念、價值與共存之道，您認為從實務及理論層面，可以分別施展哪些作為？

第十章

以「自主、跨域、遠航」為實驗教育核心之學校轉型歷程、價值與挑戰——以嘉義市大業實驗國民中學為例

林立生、陳明君

壹　前言

　　2017年教育部通過修正並全面推動「實驗教育三法」，全臺實驗教育學校與機構如雨後春筍般成立，其中以「學校型態實驗教育」增長迅速，百花齊放。110學年度全臺共計98所學校通過實驗教育計畫申請，接受服務之學生數高達9,500人（教育部，2021）。近五年期間，因面臨少子化危機浪潮來襲，學校型態實驗教育逆勢成長2.4倍。惟全臺僅嘉義市尚未設有實驗教育學校，成為全臺推動實驗教育之最後一塊拼圖。

　　嘉義市政府對於教育的重視相當受到市民肯定，前瞻的《嘉義市教育發展綱領》以「人文第一、科技相佐、精致創新、國際視野」為教育四大願景，作為國民中小學教育發展方向的導引。108學年度「教育五心政策」、「新教育111政策」，落實「一個孩子都不能少」的教育理念；109學年度啟動「國際教育2.0」計畫，成為2020年《教育部中小學國際教育白皮書2.0》公布後第一個開跑的縣市。結合十二年國民基本教育新課綱「自發、互動、共好」的理念，為中小學教育國際化邁向新的里程碑。

　　因此，嘉義市教育評比多次獲得肯定，2021年臺灣世界新聞傳播協會全國縣市施政滿意度調查勇奪「教育品質」金獎、2022年再獲「教育品質」金獎、2023年《遠見雜誌》縣市長施政滿意度調查「教育」奪冠，嘉義市為響應實驗教育推動，讓市民學子教育選擇更加多元，呼應學生需求，2020年5月16日通過《嘉義市公立學校辦理學校型態實驗教育辦法》，輔導培植近年來受到少子化趨勢威脅的大業國中，轉型為實驗學校。

　　2020年委託國立嘉義大學，透過焦點訪談，邀請公立國中小校長進行對話。大業國中班級數為14班（12班普通班、2班數理資優班），學校規模符合學校型態實驗教育學校之要求，2021年接續由國立嘉義大學教授團隊籌組專業教師社群，進駐大業國中，與教師共備、定錨、師培、開發教材，透過多次對話凝聚共識，終以「自主、跨域、遠航」為實驗教育計畫核心，為嘉義市實驗教育開啟新紀元，而以在地高

教、市府共同攜手公立國中轉型實驗學校之模組，為全臺首例，為轉型成功之主要關鍵。

貳　大業國中背景分析

一、歷史沿革

　　大業國中於59年臺灣省教育廳配合九年國民教育施行，於12月22日令准籌設「嘉義縣立崇文國民中學」。民國71年7月1日改名為「嘉義市立大業國民中學」。

　　80年代大業國中曾是嘉義市學生人數最多的學校，曾高達3,000多人。近年來面臨少子化威脅，人數驟減到110學年度約300多人，成為目前嘉義市最小型的公立國中，過去數年來超額教師亦是一大挑戰。

　　大業國中發展歷經九年一貫課程、新課綱之鬆綁，仍然不敵少子化之衝擊，經探討原因有四：

1. 工業革命下課堂遺毒：存在千遍一律的重複刻劃練習，任教老師口沫橫飛辛勤教學，教室內進行著餵養學習，一頓頓安排好的營養品，一份份制定好的套餐，按時送到孩子面前，就像製作罐頭般，重複著，重視效率卻忽略自主個別化，學生無法亦無從「學習學」，更無法掌握學習權。

2. 科科分明的教學本位：九年一貫後，傳統科別學科轉型成領域教學，然而，在教學現場中，卻仍存在領域間無法共融與共榮的困境，學生學習仍然領域分明，學習廣度依舊局限狹隘，造就學生無法從T型人才轉變成 π 型人才，符應時代所需。

3. 功利主義掛帥之短視：市區家長普遍有迷信明星高中、提前學習之迷思，一昧迎合家長，失去教育初衷之價值與意義，就會面臨以單一智力作為教育發展的危機，培養的學生與社區失去鏈結、學生學習僅局限知識層面而知識來源僅源於教科書，造成短視近利，忽略學生續航力、國際素養以及全人發展。

4. 家長對實驗教育學校之需求：辦理學區家長座談會時邀請設籍嘉義市國小學生家長，家長反應如「很高興看到嘉義市有實驗

學校的規劃」、「早就應該要有實驗學校」、「應該要向上延伸高中部」等，在在顯示本市家長對教育選擇權之重視，以及體制外實驗教育學校設立的需求與渴望，成立大業實驗國民中學不但能符應家長需求，解決家長將學生外送其他縣市的困境，更能提供學生多元教育選擇。

二、地理位置

大業國中位於嘉義市南側，鄰近著名的八掌溪河畔。距離國立嘉義大學新民校區和蘭潭校區均在10分鐘車程以內，利於和嘉義大學管理學院、獸醫學院、理工學院、農學院，以及生命科學院等建立資源整合的夥伴關係，引進嘉義大學高等教育學術資源，挹注中等教育階段實驗教育的進行，並提供實驗教育學生生涯進路得以向上銜接的潛在機會，有利於本市推動並落實科技和人文整合之創新型態實驗教育。

圖10-1
大業實驗國民中學地理位置圖

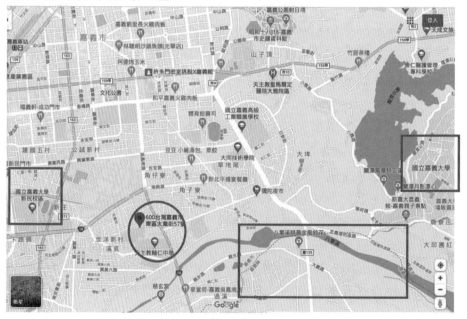

三、學校規模

大業國中曾為本市學生人數最多之國中，校舍及教室充足、校地寬廣。校地面積31,067平方公尺。近年來受到少子化衝擊和鄰近數所私立中學的競爭甚為嚴峻，學生人數急遽下降。自101學年度至111學年度十年間班級數和學生數的變化相當劇烈（表10-1、10-2）。111學年度全校班級數共計12班，學生數共計273人。入學新生僅為84名，含男生38名，女生46名，編為4班。各領域教師人數如表10-3，共計34名。

表10-1
大業國中101-111學年度班級數及學生數一覽表

	101年	102年	103年	104年	105年	106年	107年	108年	109年	110年	111年
班級數	37班	35班	32班	28班	22班	18班	15班	14班	13班	12班	12班
學生數	1,142人	1,066人	948人	818人	631人	525人	422人	376人	331人	293人	273人

表10-2
大業國中111學年度班級學生數一覽表

	一年級	二年級	三年級	合計
班級數（班）	4	4	4	12
男生（人）	38	49	48	135
女生（人）	46	39	53	138
學生數合計（人）	84	88	101	273

表10-3

大業國中111學年度各領域教師人數一覽表

	專任教師	教師兼任導師	教師兼任行政	教師合計
國語文領域	1	2	2	5
英語文領域	0	3	1	4
數學領域	0	1	2	3
自然科學領域	2	1	3	6
社會領域	1	3	0	4
科技領域	0	0	2	2
健體領域	0	1	1	2
藝術領域	1	1	0	2
綜合領域	1	0	2	3
特殊教育	2	0	1	3
合計	8	12	14	34

四、SWOTS分析

　　大業國中在地理環境、學校規模及設備、教學及師資品質、社區及家長、學生學習及表現等五方面進行SWOTS分析，並進一步提出轉型辦理實驗教育的解決策略（S）。SWOTS分析摘要表，詳見表10-4至表10-8。

(一) 地理環境方面

表10-4

大業國中SWOTS分析摘要表──地理環境方面

分析向度	S（優勢）	W（劣勢）	O（機會）	T（威脅）
地理環境	1. 位居嘉義市南側，離市區近。 2. 位於八掌溪旁，生態資源豐富，利於發展積極、冒險之海洋教育與戶外教學。 3. 位於小型社區內，校園環境獨立，寬廣平坦。 4. 社區內住家林立。 5. 鄰近阿里山公路及南二高，交通便捷。 6. 公共交通運輸約30分鐘一班。	1. 附近大型公共設施較少。 2. 校園鄰近阿里山公路之交通要道，車輛往返多，交通安全堪慮。 3. 如學生居家離學校較遠，上下學交通較為不便，或需由家長接送。 4. 校舍緊鄰住家，易相互干擾。	1. 鄰近八掌溪，可運用開發生態教學或鄉土文化特色課程。 2. 鄰近嘉義大學蘭潭校區，可積極結合嘉大理工學院、農學院和生命科學院之教學資源，開發創新課程。	1. 附近多所公私立學校，學生來源備受私立學校威脅。 2. 校園內外較多死角，安全上需多加注意。

解決策略（Strategies）：

(1) 可運用社區資源及八掌溪地形、生態、文化資源，結合戶外教學，發展學校本位教學特色。

(2) 結合嘉大教學資源，開發創新課程。

(3) 轉型為實驗學校，落實本市教育願景，推動人文和科技並重的創新教育模式。

(二) 學校規模及設備方面

表10-5

大業國中SWOTS分析摘要表——學校規模及設備方面

分析向度	S（優勢）	W（劣勢）	O（機會）	T（威脅）
學校規模及設備	1. 曾為本市學生人數最多之國中，校舍及教室充足、校地寬廣。 2. 學校軟硬體設備充足，設有活動中心、游泳池、籃球場、新建棒球場等多項運動設備，提供給學生使用。 3. 為本市自然科學領域中心及海洋教育資源中心學校。辦公室、電腦教室資訊設備完善。 4. 嘉義市實驗教育課程發展中心設置本校，設執行祕書、助理推動實驗教育課程。	近年來受少子化及學生來源流失影響，導致學校規模日益縮小，部分教室閒置。	1. 班級數及學生人數少，有助於發展學校特色，或提供作為創新教育之實踐場域。 2. 教職同仁聯繫管道迅速通達，便於教育政策、教學策略之宣達。 3. 建立學校共同符號，凝聚學校師生共識。	1. 因少子化及學生來源流失，減班情形有日益惡化趨勢。 2. 過去曾因減班而導致教師超額問題。 3. 假日學校場地開放社區使用，設備維護不易。

解決策略（Strategies）：

(1)學校目前閒置的教室及各項軟硬體設備均可充分利用，以結合創新教育之實踐（例如：自主學習、獨立研究、社團活動等），使學生的學習活動更為多元和彈性。

(2)轉型為實驗學校，爭取教育部補助，投入學校場地和設備之更新和維護，並進一步增建創新教育所需之教學設備，以推動創新教育。

(三) 教學及師資品質方面

表10-6

大業國中SWOTS分析摘要表——教學及師資品質方面

分析向度	S（優勢）	W（劣勢）	O（機會）	T（威脅）
教學及師資品質	1. 108學年度榮獲嘉義市教學卓越獎項第一名，發展八掌溪特色四套課程，期使學生能夠多元發展。 2. 結合科學、英語、數學和閱讀發展彈性學習計畫，增進學生基礎學科能力。 3. 數理資源班和身障資源班教師嫻熟特殊教育專業。	1. 部分教師較為資深或屆於退休年齡，習慣舊有課程與教學模式，對於新課綱和創新教育作為較難跟進。 2. 教師較缺乏素養導向課程設計及跨領域整合的教學能力。 3. 學生社團活動較缺乏專業指導師資。	1. 可結合嘉義大學師資培育中心之地方輔導計畫資源和實驗教育研究中心之師資資源，強化教師專業增能。 2. 可結合嘉義大學各領域師資共同規劃特色課程或創新教學方案。 3. 鼓勵申辦市府計畫、參與教育部計畫、辦理學校特色營隊。	1. 教師對跨域教學或創新教育等較少接觸，認知和行動執行力恐怕較為不足。 2. 教師人數少使機動性調配不易，教學研修精進時間較為不足。

解決策略（Strategies）：

(1)結合嘉大各領域師資與學校各領域教師建立教學研究團隊，藉由系列師資增能研習活動，增進教師素養導向課程設計及跨領域整合的教學能力。

(2)鼓勵教師嘗試運用嶄新的教學模式，例如：結合現象本位、問題本位及專題本位的3-PBL教學法及UBD以終為始課程設計模式，發展特色課程或創新教學方案。

(3)積極鼓勵實驗學校教師成立各領域專業學習社群，藉由定期研討和經驗交流，精進教學技巧。

(四) 社區及家長方面

表10-7

大業國中SWOTS分析摘要表──社區及家長方面

分析向度	S（優勢）	W（劣勢）	O（機會）	T（威脅）
社區及家長	1. 家長會組織健全。 2. 校友會功能積極、主動。 3. 志工團具有向心力。	1. 社區老舊、改變速度緩慢。 2. 家長社經地位背景差異大，部分家長對教育改革理念及認知不足。 3. 家長對學生期望較低，家長督促、參與度較偏弱。	1. 如能引進對於教育更為關注且積極參與校務的家長，或可帶來學校及社區文化的積極改變。 2. 與鄰近國小、機構結盟，合作辦理活動、課程、計畫。	1. 因社區較為老舊，青壯人力較為缺乏，部分社區資源結合不易。 2. 社區內單親、弱勢比例高，或因隔代教養，對學生照顧相對不足。

解決策略（Strategies）：

(1)整合家長會與志工資源，結合輔導團隊專業，推展家長成長團體，加強建立聯絡網絡。

(2)辦理小型機動化的班親會，以班級和領域課程為單位，讓家長能體驗學生學習方式，與導師和任課教師直接面對面溝通，促進家長有效參與班級活動。

(五) 學生學習及表現方面

表10-8

大業國中SWOTS分析摘要表──學生學習及表現方面

分析向度	S（優勢）	W（劣勢）	O（機會）	T（威脅）
學生學習及表現	1. 學生純樸活潑，可塑性強。 2. 學生有禮貌、好品格、生活秩序佳。	1. 學生單親比例、弱勢比例逐年增加。 2. 學生讀書風氣較低落，基礎學科能力較薄弱，學習表現相對低落。	1. 學生數少，較容易進行小組合作學習。 2. 多元化教學評量模式容易推動。 3. 與民間教育機構合作辦理學習營隊，豐富學生學習經歷。 4. 鼓勵學生參與各項學藝競賽，提升學生學習力。	1. 家庭教育的負面影響，容易造成師長對於學生施教困難。 2. 學生較易受不良次文化影響，難發揮同儕正向楷模學習之效應。

解決策略（Strategies）：

(1)轉型為實驗學校，可採部分開放學區制，吸引本市關注子女教育品質之家長讓子女選擇就讀，引入正向學習楷模，增進學生間的交流互動。

(2)運用鷹架理論強化小組合作學習模式，強化學生的基礎學科學習能力，表達溝通、團隊合作及各項核心素養表現能力。

(3)規劃多元教學模式，提升學生學習興趣，並增加學生與在地資源學習連結運用。

(4)結合正向心理學建立學校成為正向學習環境，強化學生品格教育，促進心理健康，以及社會、情緒、心靈、體能、智能之全人發展。

參　大業國中轉型之實驗教育核心理念

　　大業國中面臨少子化浪潮以及新課綱、新思維的挑戰，在全體教職同仁歷經對話、凝聚共識，以提升學生學習品質、豐富學生學習歷程，整合自然領域中心、海洋教育中心、嘉義大學等資源，進行課程翻轉，以「給孩子不一樣的教育選擇」，帶領孩子認識學習、學習如何學習、自主學習，成為終身學習者；透過主題式教學，結合學校城市「八掌哲學」，打破領域間藩籬，突破零碎知識的餵給，培養孩子勇敢跨域的能力；出走升學主義，打開學生學習視野與五感，關懷人與自己、人與城市、人與世界之議題，引導孩子朝「自主、**跨域**、**遠航**」之目標邁進，成為一所航向世界、鏈結全球的實驗學校。

一、教育理念

(一) 導入OECD 2030教育目標之本土化實驗創新課程實踐

　　根據國際經濟合作開發組織（OECD）教育2030的觀點，將培育學生具備核心素養（key competencies）視為學習歷程的重要目標，包含自我管理、社會參與和溝通互動等知識、技能與態度／價值觀的培養，使得學習者成為具有核心素養或是競爭力的世界公民，以達成個人或是全球社會的身心健康或幸福安適（well-being）目標。「OECD 2030學習羅盤」（圖10-2）指出，學生需要在未知的和不斷變化的環境中應用他們的知識與技能，而廣泛的知識與技能將由態度和價值觀所決定，知識、技能、態度／價值觀三者相互融通，即是未來學生最需具備之核心素養，以支持學生發展成為身心健康的世界公民。

　　A.知識面向：包括學科知識、跨領域知識、認知知識和程序知識。

　　B.態度／價值觀面向：包括個人、人際、社會、和公民價值觀等。

　　C.技能面向：包括認知技能、社會與情緒技能、實作技能。

　　由於大業國中轉型之實驗教育計畫所培育的青少年人才，未來必須能與社區共榮、和世界接軌，本計畫教育目標乃奠基於OECD 2030學習羅盤架構之上，與本校教師經充分溝通後形成共識所勾勒出學生圖像與發展願景（圖10-3）加以融合，從學生知識面、技能面、態度／價值

圖10-2

OECD 2030學習羅盤之素養內涵

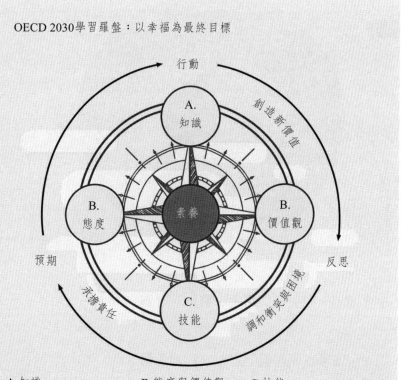

OECD 2030學習羅盤：以幸福為最終目標

A.知識
●學科知識
●跨領域知識
●認知知識：知道專家
　工作與思考的方式
●程度知識：知道完成
　目標的行動步驟

資料來源：OECD

B.態度與價值觀
●個人價值觀
●人際價值觀
●社會價值觀
●公民價值觀

C.技能
●認知技能：包括批判性
　思考、創意思考、學習
　如何學習和自我調節
●社會與情緒技能：包括
　同理心、自我效能、責
　任感與合作
●實作技能：包括合作新
　資訊與科技傳播裝置

圖10-3

大業實驗國中學生圖像與發展願景

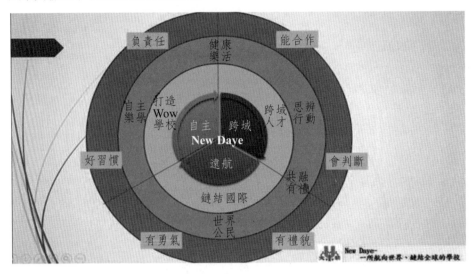

面扎根奠基，全面發展「**自主、跨域、遠航**」能力，進行本土化之教育實踐！

(二) 引爆學生學習優勢潛能之創新教育

「引爆」（Empower）學生學習潛能，是教育歷程中極為關鍵的一環。「引爆」通常譯為「賦能」或「培力」，是指個人、團體和／或社區能掌控切身所處情境，充分展現自己能力以達成預期目標，幫助自己和其他人增進生活品質的歷程。「引爆」學生潛能，就是人本心理學和正向心理學所強調的藉由正向健康學習情境的建構，促進學生達成「自我實現」，成為最想成為的自己。本實驗教育理念之一，在於將正向心理學理念應用於教育，強調發現與培養學生品格優勢的優勢本位教育（strengths-based education），致力於建構學校成為正向健康的學習環境，打造WOW School——每一位老師和學生都能以正向敏銳的眼光看到學生的優秀表現，給予讚美和鼓勵，培育學生正向特質，展現正向情緒。教師能看見學生的優勢和亮點，就能鼓勵學生勇於嘗試錯誤和接

受挑戰，積極探索切身生活議題和未知的未來世界；教師能藉由體驗式學習活動，引導學生進行敏銳觀察和深度反思，學生就能從經驗中萃取智慧形成深度理解和個人觀點，轉化為具實用性的知識和技能；教師能透過小組合作學習活動，引導學生積極參與團隊合作，學生就能學會適切的表達和溝通，同理並瞭解他人觀點和感受，促進社會參與，共同建構和諧共榮的未來世界。

　　自主學習就是自己為自己作選擇學習的方式和內容，並為這些選擇負責任。「自主性」（autonomy）或稱自律，是指個人能夠依據自己的原則或優先次序而獨立做決定的能力。在複雜多變的社會情境中，個人常會受到外在的團體壓力、社會規範的限制，或不能控制的欲望之影響，而無法與內在的個人信念協調一致。此時個人如果能夠基於個人信念，做出獨立思考後的判斷和選擇，而非只是依賴他人的指引，並決定有所為或有所不為，此一能力便是自主。換言之，「自主」是一種「自我治理」（self-governance），真實的「自主」是由個體對於自己的行動進行高層次的反思，而為了個人需求或興趣而有的「自主選擇」（autonomous choice），這才是「自主學習」。本實驗教育計畫期望能賦予各領域教學者／教師藉由領域課程共備、自主規劃課程和教學的空間，促使教學者省思學習者／學生在青少年發展階段的學習需求，將生活作為教學素材，引導學生從生活中各個不同面向擷取深入探究、實作、思考並解決問題的元素，進而透過小組合作學習機制及教師鷹架催化，將實務知識擴展延伸為理論知識，深化各領域的學習內涵。

　　合作學習則是學生以團隊合作方式一同工作，發揮個人優勢能力，透過彼此溝通協調合作，互為鷹架（scaffolding），共同完成教師指定的實作任務，以達到預定的學習目標。合作學習講求團員中的彼此支援、協助、分享與鼓勵，個人參與合作學習活動中，能藉由彼此的互相激勵扶持，培養對他人的關心和尊重，也得到自身和他人的肯定，建立和諧共融且共榮的社會。鷹架教學法是指老師與有能力的同儕給予學生輔助，使學生能跨越原來的知識程度及技巧，完成任務，最終目標為不需輔助即能憑自己的力量完成任務。在合作學習中，學生主動學習，經

由教師或同儕的引導，提供鷹架，透過本身的觀察與體驗，發現與思考，及同儕教師間的互動，建構自己的知識。藉由有能力的同儕在組間帶領，使程度較弱的學生獲得能力上的改進。本實驗教育計畫延伸應用異質性分組合作學習法之外，亦將融合本土教學實踐者王政忠老師所倡導的MAPS教學法，結合鷹架教學法（scaffolding），運用提問策略（asking）和心智繪圖（mapping），引導學生完成小組合作學習專題，並進行公開發表（presenting），以培育藉由自主學習和合作學習開展思辨行動和問題解決能力。

自主學習和合作學習是支持優勢本位教育不可或缺且堅定有力的雙足，而探索教育和體驗學習則能引爆學生勇於嘗試錯誤、向未知挑戰、不害怕失敗、愈挫愈勇的韌力。

(三) STEAM跨域整合、專題合作

STEAM跨域整合教育要能具備兼容並蓄，大業教學團隊以專題學習的理念為根基，以建構主義（constructivism）觀點為依歸，認知心理學為基礎，合作學習為學習方式，強調由做中學（learning by doing），以活動、專題項目與解決問題等作為學習主軸。專題本位學習的特徵，包括下列數項：

1. 始於真實世界問題（real world problem）

教師拋出真實的開放性問題，讓學習者思考，且其問題必須是真實、富有價值意義的，由一個可以引發學習者的學習動機，且會引導學習者整個學習的「驅動問題（driving question）」來起頭，這個問題來自真實的世界中。

2. 要求產出的學習表現（outcomes/products）

教學設計在於學習者能在活動中主動參與工作，而非只是學習關於事物的知識，而是要求學習者必須針對驅動問題，完成一個或一系列的作品（artifacts）、或產品（product）、或表演之產出（outcome）。強調內在動機、鼓勵合作學習、允許學習者持續增加或修改他們的作品與表演，著重學習者自評及互評，是一種屬於高層次的知能挑戰。

3. 由學習者主導（learner-centered）

重視主動建構與分享的學習歷程，由學習者自己產生、推敲，並組織問題，因而學習者對於所要從事的問題解決任務具有「擁有感（ownership）」。學習者可從學習活動中組織出概念與原則，最後並經由共同分享與推論，獲致問題的解決方案與相關的認知理解；學習者可以主動、且與同儕共同一起建構知識，並培養批判思考的能力。

4. 教師扮演學習歷程之促進者（mentor）

教師擔任學習協助者或教練的角色，提供必須的學習指引與資源提示，但是不會給予講課或直接知識的傳遞，也沒有課後複習與習作。協助學習者從自我探索和解決問題的過程中，逐漸累積豐富的知識，把學習舞臺的主角，讓給各個學習者來擔綱。

5. 以結構模糊的問題（ill-structured problem）來組織學習內容與學習情境

開放且沒有固定的解法和標準答案，能引發創造、批判等高層思考，並連結真實生活經驗和情境。學生扮演問題持有者（stakeholder）的角色，教學者（tutor）擔任認知教練（coach）或促進者（facilitator），搭配小組合作學習（collaborative learning）。採用多元評量方式，例如：歷程檔案、口頭簡報、作品展示、行動展演、分組競賽等。

大業國中實驗教育計畫核心教育理念乃致力以優勢本位教育理念打造一所「WOW School」，為教學者／教師和學習者／學生搭建可盡情揮灑長才展演的舞臺，賦予各領域教學者自主教學的空間，促使教學者成為學生自主學習和合作學習的催化者、引導者和教練的角色，配合本實驗教育計畫春詠、夏遊、秋弄、冬豐等四學季校訂課程和校訂活動，運用MAPS教學法、專題本位教學法及跨域整合學習策略，引爆學生自主探索、體驗生活和團隊合作，培育學生具備「自主」、「跨域」、「遠航」的能力，成為「自主樂學」、「健康樂活」、「思辨行動」、「共融有禮」之「世界公民」。

(四) 自主、跨域、遠航的八掌哲學

大業國中得天獨厚，鄰近有「城市之母——八掌溪」流經城市南岸，擁有豐富的自然景觀與人文底蘊，八掌溪位於臺灣中南部溪流，源自於海拔1,940公尺嘉義奮起湖，全長80.86公里，流經嘉義縣市、臺南等地，位嘉南平原——爲臺灣最大的穀倉提供灌溉水源，孕育無數的生命，流經之地，坡度平坦、支流眾多，出海口爲嘉義布袋。

圖10-4
自主、跨域、遠航的八掌哲學

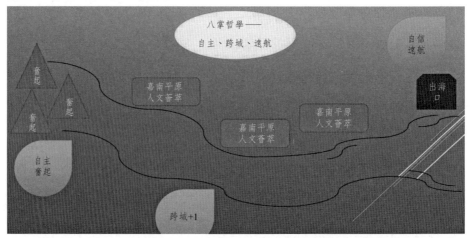

八掌溪的源頭奮起湖，並非一座「湖」，而是四周高、中間低的盆地，聚落就在這塊平坦的盆地發展；八掌溪中段流經嘉南平原，提供農業用水，滋養嘉南平原除了成爲穀倉，更使當地人文匯聚、文風鼎盛；而出海口布袋更是經歷過西部商業大港的繁華，連結嘉義市與世界的想像。

學校願景與課程發展，奠基於大業國中特有的「八掌哲學」，取上、中、下游八掌溪特色，發展出「自主、跨域、遠航」三軌實驗教育理念，以達「打造Wow學校」、「培養跨域人才」，以及「與世界接軌」之目標。

1. 八掌上游、奮起源頭
   (1) 學生
       在大業國中三年，期許孩子能學習「八掌哲學之自主奮起學」：
       A.「人生奮起」：學習瞭解自己、接納自己的不足，打開五感，
          蹲低，是為了跳更高；謙虛，是讓自己學習更好。
       B.「優勢奮起」：從養成好習慣出發，發覺自己的潛能，相信自
          己，勇敢嘗試，面對未來的挑戰與未知，能夠運用自己的優
          勢，從容面對。
       C.「學習奮起」：從學習如何學習開始，掌握學習策略，能夠將
          成功的學習經驗遷移至新學習領域，成為終身學習者。
   (2) 教師
       教學團隊在自主奮起學中，亦能將教學當作志業，發揮專業：
       A.「教學自主奮起」：領域教學團隊能夠透過討論、對話、學
          習，適當的使用適合領域學習之教學法，帶給學習者多元角度
          的思考與學習。
       B.「課程自主奮起」：與時俱進，多角多元發展課程，豐富學生
          學習歷程，提升學生學習品質。

圖10-5
學生學習自主奮起

圖10-6
教師專業自主奮起

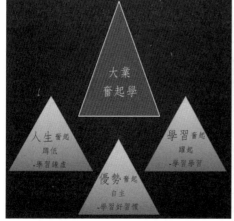

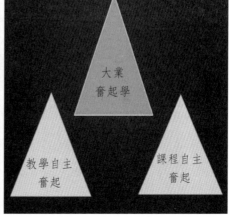

2. 八掌中游、跨域多元

(1) 學生

期許孩子能學習「八掌哲學之+1學」：

A.「學習+1位」：透過基礎課程，小組討論共作，提供孩子們合作的機會，搭建合作學習平臺，各司其職，發揮所長，培養孩子合作負責任的價值與態度。

B.「向前+1步」：以校訂課程、活動為主軸，帶領孩子以主題式學習方式，探索社區、城市與國際，沿著八掌溪邁向國際，鏈結全球，培養孩子探索、勇敢的能量。

C.「思考+1動」：從主題課程出發，走出教室、走進世界，透過觀察、思考、反省、尋找問題、解決問題、提出可行方案與行動，進而改變。

(2) 教師

透過共備、開放教室，教學團隊合作、跨域、持續學習：

A.「領域跨域+1」：以雙語融入領域教學，開闊教師專業視野；以STEAM跨域課程，開展教學團隊合作創意無限之可能。

圖10-7

師生跨域多元

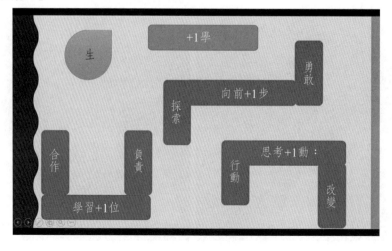

　　B.「創意教學+1」：運用PBL主題教學，擴展教學領域，擴大教學素材；引進創意教學法，讓教學更有趣。

　　C.「開放教室+1」：打開教學藩籬，導入「城市即學校、世界即學校」的概念，帶領孩子，處處發覺課程、處處都是學習場域。

3. 八掌下游、遠航國際

　(1) 學生

　　期許孩子能學習「八掌哲學之出走學習」：

　　A.「出走學習」：以大業三鐵——鐵泳、鐵腿、鐵馬校訂活動，鍛鍊孩子強健體魄，以此為基底，培養孩子勇氣、毅力與堅持，勇敢嘗試學習新事物，面對困難勇於嘗試解決。

　　B.「出走永續」：課程與聯合國SDGs連結，從學校本位出發，帶領孩子，以海洋為目標，向海洋學習，關懷世界環境議題，嘗試提出策略方案，解決環境永續問題。

　　C.「出走視野」：以八掌哲學串聯課程，連結上、中、下游課程，遠航國際、與世界鏈結，擴展孩子的視野、展開孩子國際旅行、提升孩子對於文化差異之欣賞、尊重的素養。

　(2) 教師

　　教學團隊能貼近孩子的學習，成為教育領航員：

　　A.「走出團隊與專業」：強化領域對話、提升領域團隊專業教學力，鼓勵教學團隊，跳脫傳統教學思維，回到學生本位學習，提供孩子學習需求。

　　B.「走出合作與互動」：創造1+1大於2的合作力量，組成教學專業社群，讓每一位教師，成為學生學習的引導者，合作互助。

　　C.「走出多元與多面」：積極引進多元資源，專業導入學生學習課程，研發多元多面之課程設計，符應學生學習型態之需求。

圖10-8
師生遠航國際

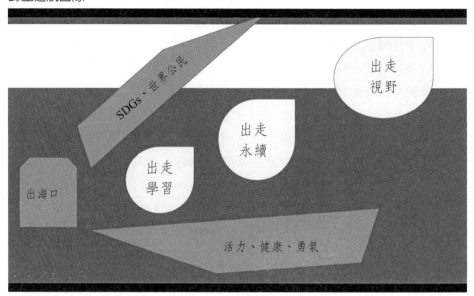

二、轉型基石

(一) Every student can succeed.

「Every student can succeed.（每一位孩子都有機會成功）」是大業國中轉型的教育願景，以「自主、跨域、遠航——打造一所航向世界、鏈結全球的學校」爲轉型實驗教育目標。在「自主層面」，以「PBL教學模式」讓學校成爲「Wow」學校，校園裡，處處充滿驚奇、處處充滿讚美與樂趣；在「跨域層面」以「+1」領域協作，導入國立嘉義大學蘇炯武教授與謝奇文教授STEAM科技教學，以機器人引導學生自主學習；並於綜合領域課程中引進吳芝儀教授CLIL雙語教學模組，重整綜合領域課程軸線，學科內容與英語學習並重，培養「π」型跨域人才；在「遠航層面」，以大業三鐵——游泳、鐵馬、小馬拉松鍛鍊孩子健康體能，涵養孩子續航力，立足大業、鏈結全球、關心世界議題，進而採取行動，成爲世界公民。

(二) 為世界服務的未來青年

大業國中以「5U」──德、智、體、群、美爲基礎，打造多元學習的環境爲目標，提出更符應現代學生需求的新校園。

以「diverse」整合5U多元概念，並以五種顏色象徵在多元校園裡，兼容並蓄、各自美麗。五種顏色象徵：

紅色：大業願景核心──「Every student can succeed.」。

橙色：人文、科技並重教育。

黃色：教師圖像2.0，專業對話、團隊合作。

綠色：學生圖像再進化，培養youth for the future。

藍色：八掌溪畔特色學校。

DAYE分別代表：

D-diverse environment：兼容並蓄、教學多元、學習觸角延伸的學校。

A-active learning：自主學習、以PBL學習方式、IB精神引導孩子，讓整個世界都是孩子的學習場域。

A-active learning
讓整個世界都是孩子的學校場域。

Y-youth for the future：培養未來青年，合作跨域、勇敢遠航、自信展能、終身學習。

Y-youth for the future

E-explore the world：探索世界、發現問題、解決問題，為世界服務。 New Daye是一所航向世界的學校，透過雙語課程，提升表達力，向世界發聲與鏈結；透過實驗課程執行、與聯合國永續發展目標SDGs議題結合，參與國際事務；透過PBL精神融入課程，建立教學模組，以學生為中心，引導孩子思考、批判、邏輯力。

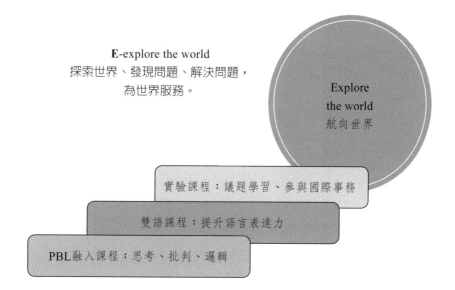

肆　學校轉型歷程

一、導入高教資源，攜手合作翻轉教育

為提升學生學習品質、豐富孩子學習歷程、提供家長與孩子不一樣的教育選擇權，110學年度下學期大業國中已進入實驗教育課程精神導入現場教學階段，有在地嘉義大學教授群合作指導，形成「嘉大業大」之教育團隊，教室裡，您可以看到不同課室風景，孩子依照自己的學習步調，看著平板裡呈現的教學步驟組裝機器人，教室裡學生低頻討論聲，更多是孩子們專注學習的眼神。

　　大業實驗國民中學的轉型成功，乃嘉義市政府教育處審慎評估、考量學校教育類型與學生受教權益，大刀闊斧、大步向前之成果。歷經109年委託國立嘉義大學執行教育現況盤整、110年續委嘉義大學規劃師培、111年與專家學者持續領域課程共備、外師雙語課程共備，期間，彙整校內外資源，落實檢核修正，讓轉型腳步堅定穩固。

二、師資培育先行，提升實驗教育戰力

　　由於大業國中為原公立學校轉型，嘉義市政府提供兩年教師優先市內介聘，然多數老師選擇留原校服務，因此，「就地提升」原有師資之實驗教育專業知能為首要轉型任務。110學年度暑期，與國立嘉義大學合作，邀請全臺實驗教育專家與先行者開設為期8日之實驗教育與創新教學師資培訓課程，並於110學年度第一學期開展20週各領域主題課程之實踐，期間，邀請各領域教師與指導教授月共備、外師週共備，持續不斷。

三、教育核心定錨，發展在地實驗課程

　　依據教育部110學年度學校型態實驗教育共識營法規釋令及實驗規範，提及學校型態類別有六種，分別為在地化主題探究、原住民民族教育、儒家教育、自主探索體驗、混齡教育、華德福教育等。大業實驗國民中學經多次校內教師全校共備討論，考量嘉義區教育之特色、學生學習之需求、家長教育選擇權，以「自主、跨域、遠航」為實驗教育核心，發展主題課程，導入PBL等學習策略，以AI、在地美學、生活實踐培養跨域人才，藉由四季活動、三鐵課程，培育健康身心靈之終身學習者。

表10-9
實驗教育暨創新教育師資培訓課程表

時間	7/1週五	7/4週一	7/5週二	7/6週三	7/11週一	7/12週二	7/13週三	7/14週四	8/19週五
7:40	報到	報到	報到	報到	報到	報到	報到	報到	報到
8:10–9:00 9:10–10:00	開幕式 教育創新的理念與發展（林立生處長）	尋找人類的可能性：臺灣實驗教育的發展與意義（鄭同僚教授）	面向自我～從現象到本質的教學設計（林美玲研究員、洪詠善研究員）	1.從PISA到閱讀理解 閱讀教學 2.提問與閱讀理解（王政忠老師）	設計思考引導創新教學與課程實踐（吳芝儀教授）	CLIL雙語教學法（張芳琳教授）	UBD逆向課程設計模式（吳芝儀教授）	UBD逆向課程設計模式（吳芝儀＋曾素秋副教授）	實驗教育校外參訪（臺南市西門國小）
10:10–11:00 11:10–12:00	教育創新的思維跟方法（張後賢副校長）								
12:00–13:10	午休時間								
13:10–14:00 14:10–15:00	從生態系統導入偏鄉教育（陳清圳校長）（線上）	實驗教育學校經營實務（黃琬茹校長）	面向自我～從現象到本質的教學設計（林美玲研究員、洪詠善研究員）	1.提問設計與協作對話 2.科技輔導課堂提問操作實務（王政忠老師）	實驗中學STEAM教育實務分享-以FIRST Robotics Competition為例（蔡汶鴻老師）	STEAM跨領域採究與實作教學法（蘇珮菁教授）	UBD逆向課程設計模式（曾素秋副教授）	各領域學科課程設計（與領域指導教授另約時間討論，以2小時為原則）	實驗教育校外參訪（國立南科國際實驗高中）
15:10–16:00 16:10–17:00	學校教育實務創新的實踐（陳明聰院長）	實驗學校教學與課程教學發展（黃俊儒校長）							

109學年度實驗教育計畫「預備階段」I──市府端		
工作項目	時間期程	實施內容
組成本市「學校型態實驗教育規劃及推動小組」，召開定期會議	109年5月4日 109年7月6日 109年9月26日 109年11月23日 109年12月21日	組成「學校型態實驗教育規劃及推動小組」，研議學校型態實驗教育推動方案。
拜訪各縣市公立學校轉型辦理學校型態實驗教育計畫	109年7月至8月	瞭解該校轉型設校模式、教師遴選（資格）、課程備課、入學方式（來源）、學期制、經費來源等辦理實驗教育之歷程。
辦理本市立中小學行政主管焦點團體訪談	109年7月23日 109年9月8日	計3所國小、1所國中，討論學校轉型辦理實驗學校的(1)可行性評估、(2)發展願景、(3)可能遭遇的阻礙，以及(4)解決方案與(5)推動策略等。
研訂本市實驗教育學校申請之相關程序和表件	109年10至11月	蒐集(1)各縣市公（市）立學校辦理學校型態實驗教育辦法、(2)申請流程、(3)申請計畫書、(4)各縣市學校型態實驗教育(5)審議會設置辦法，以及(6)審議參考指標檢核表與(7)訪視參考指標檢核表。
109學年度實驗教育計畫「預備階段」I──學校端		
工作項目	時間期程	實施內容
大業國中辦理學校型態實驗教育教師座談會	109年12月17日	蒐集大業國中教師團隊之問題和建議，並釐清疑慮，進行初步意見調查。
110學年度實驗教育計畫「預備階段」II──市府端		
工作項目	時間期程	實施內容
組成本市「學校型態實驗教育規劃及推動小組」，召開定期會議	110年6月18日 110年9月10日 110年11月30日	組成「學校型態實驗教育規劃及推動小組」，審議與監督本市辦理學校型態實驗教育之具體行動方案。委員共計17人。

組建「實驗教育課程與教學研發團隊」發展實驗教育課程計畫	110年8月至11月	1. 各學科領域專家學者和資深優秀教師，共同組成各領域課程與教學研發團隊。 2. 完成以國中教育階段為主，發展三年段整體課程架構和課程發展計畫，1冊。 3. 並以國中七年級為主，研發六大領域之課程教案及教材，各領域1冊。
研擬實驗教育教師增能課程規劃及認證辦法	110年9至11月	規劃本市實驗教育師資培訓課程方案，包括整體課程架構、課程主題、課程目標及內涵、培訓方式、培訓時數（36小時）、培訓期程、考核及認證辦法。
擬定辦理學校型態實驗教育計畫書草案	110年10至11月	依據《學校型態實驗教育實施條例》第7條實驗教育計畫規定，大業國中團隊完成實驗教育計畫教育理念、教育目標、課程規劃、教學活動、學生輔導、人員配置與行政組織運作等。
研擬實驗學校評鑑指標及評鑑辦法	110年10至12月	完成嘉義市實驗學校評鑑指標及評鑑辦法，包括(1)作業流程，(2)評鑑計畫，包含配分、指標、項目說明以及評鑑方式，(3)實驗學校「自我評鑑報告書」。

110學年度實驗教育計畫「預備階段」Ⅱ──學校端		
工作項目	時間期程	實施內容
大業國中辦理學校型態實驗教育教師說明會	110年8月26日	嘉義大學艾群校長、各領域教師團隊共計9人，與大業國中全校28位各領域學科教師，進行實驗教育理念暨課程規劃報告交流。
大業國中辦理學校型態實驗教育家長及校友說明會	110年11月22日	由大業國中陳明君校長親自主持，向家長會及部分校友進行實驗教育說明，獲得家長會強力支持。

實驗教育公辦公營學校參訪	111年1月24日	由陳明君校長率領本校全體教師約40名參訪彰化縣立鹿江國際實驗中小學，奠定本校教師對於轉型辦理實驗教育之信心。
學校型態實驗教育行政分享會議	111年4月18日	由陳明君校長主持，說明實驗教育計畫書內容，邀請行政同仁提出回饋與建議。
擴大教師會議說明	111年4月26日	由陳明君校長主持，根據行政會議回饋修正實驗教育計畫書內容，於擴大教師會議中說明，邀請全校教師提出建議與回饋。
大業國中轉型辦理學校型態實驗教育家長暨社區說明會	111年5月14日	由本市教育處林立生處長和本校陳明君校長主持，邀請所有關心大業國中轉型辦理實驗教育的學區家長、家長會代表、校友會代表和民意代表等，共聚一堂，瞭解實驗教育的內涵、現況與未來發展，以及本校轉型辦理實驗教育之教學和課程規劃，並交流經驗和問題。
大業國中112學年度學校型態實驗教育計畫書經校務會議討論通過	111年6月29日	由本校陳明君校長會同行政團隊擬定112學年度學校型態實驗教育計畫書，經校務會議討論後一致通過，並隨後向市府提出申請。
大業國中各領域教師參與「實驗教育暨創新教育師資培訓研習」	111年7月1日至7月14日	本計畫現有大業國中編制內34位專任教師均於111學年度7月1日起至7月14日止接受為期8整天，共計64小時的「實驗教育暨創新教育師資培訓」基礎課程。
111學年度實驗教育計畫「預備階段」II——學校端		
工作項目	時間期程	實施內容
嘉義市111學年度學校型態實驗教育審議委員會	111年8月12日	嘉義市政府學校型態實驗教育審議委員會召開實驗教育計畫書審查，針對計畫內容、實驗教育規範、行政組織、課程規劃審查及建議。

「風」昇「水」啟‧一「木」十航──111年度嘉義市實驗教育峰會	111年12月14日	大業國中辦理實驗教育峰會，邀請王政忠老師、英語、數學、綜合領域教學演示，學生學習分享，並展示學生學習歷程，獲得與會來賓肯定。
國教署審查學校型態實驗教育計畫審查	112年1月19日	國教署蔡副組長宜靜主持，針對實驗教育規範進行審查與建議。
國教署核定大業國中實驗教育計畫通過	112年3月27日	國教署核定112學年度至115學年度為期三年之實驗教育計畫。
新生入學簡章	112年4月17日	公告112學年度新生入學簡章。
新生入學登記報名	112年4月28-29日	新生登記報名作業，共計91位學生報名登記。
新生入學報到	112年5月26-27日	完成首屆80位新生入學報到。
新生Hi學日	112年7月14日	辦理一日新生多元智能分站測驗。
暑期實驗教育師培	112年7月19、24-28日 8月18日參訪 8月22-24日	聘請劉遵恕老師、劉繼文老師、蘇炯武教授等進行全校共備。 李惠銘校長、吳芝儀教授、余懷瑾老師擔任22-24日講師。

伍　挑戰與結語

　　嘉義市大業實驗國民中學在眾所期盼下，成為嘉義市首間公辦公營之實驗教育國中，首屆新生已完成報到，取代傳統「新生訓練」訓練新生，以別開生面的「新生Hi學日」多元智能人才闖關課程為新生活動，透過質性分析瞭解學生的學習優勢，期能幫助每一位學生，能發揮自己的學習潛能，打造大業實驗國民中學成為一所「Wow」學校。學校學制師法自然，以春夏秋多四學期、四季假、四季營隊與活動，讓孩子能在學習節奏上順應自然、鬆緊有度，發揮最大的學習成效。

　　然而，從首屆學生家庭背景分析中，四分之一強的學生家長來自教育界，可見家長端對於實驗教育理解訊息的落差，未來，大業實驗國民中學將擴大舉辦家長說明會，以提高學生參與特定理念之實驗教育的程

度。另外，學校正值校內教師新舊血輪替，新血加入爲學校實驗教育注入一股活力，將這股活力與實驗教育核心快速連結，以發揮最大的教學熱忱，是大業實驗國民中學急需達成的任務。

　　嘉義市大業實驗國民中學的成立，爲嘉義地區的孩子開啓了另一扇門，也將爲孩子們學習，提供不一樣的天空。孩子的天空，由孩子手上的彩筆來揮灑吧！

參考文獻

Grant Wiggins、Jay McTighe（2008）。**重理解的課程設計**。心理出版社。

王智弘（2019）。素養導向師資培育與課綱轉化——教育2030的觀點。**臺灣教育評論月刊，8**(12)，32-37。

王瑞壎（2022）。STEM／STEAM跨領域科際整合教育之探究。**臺灣教育評論月刊，11**(4)，13-20。

艾群、吳芝儀、陳明聰（2020）。**嘉義市規劃及推動公立學校辦理學校型態實驗教育前導計畫**。

李懿芳（2019）。芬蘭現象本位教學課程改革之理念與實踐。**教育政策論壇，第22卷第2期**。*Journal of Educational Administration Research,* Vol. 22, No. 2。

林麗容（2016）。**杜威教育思想之研究**。眞理大學通識教育中心人文社會學科。

侯雅文、林政逸（2021）。我國中小學實施CLIL教學模式現況、問題與解決策略。**臺灣教育評論月刊，10**(6)，118-124

張俊賢、吳芝儀、陳明聰（2022）。**嘉義市111年度推動公立學校轉型辦理學校型態實驗教育第二期計畫期初、中、末、成果報告書**。

教育部國民及學前教育署（2021）。實驗教育簡報。https://www.k12ea.gov.tw/Tw/Common/SinglePage?filter=CF05E6D1-2C9C-492A-9207-92F064F54461（教育部國民及學前教育署網站實驗教育）

問題與討論

一、大業實驗國民中學轉型成功的主要關鍵要素為何？

二、大業實驗國民中學實驗教育核心理念為何？

第十一章

中部五縣市國民中學
校園閒置空間活化
之研究

許淑酌、楊振昇

前言

臺灣各級學校受到少子女化的影響，學生人數逐漸減少，學校也不斷減班，造成校園出現閒置空間，有些學校甚至面臨遷校或裁併校的狀況。由於學校也是社區發展中心，校園中過多的閒置空間會對整個社區產生負面的影響，主管教育行政機關及校長必須重視這個現象，因為校園閒置空間深深影響學校重新定位的價值與發展。

校園閒置空間的活化不單只是空間的活化，而是必須透過創意與巧思變成有活力的校園，讓校園充滿生命力，讓學生在學習的階段能展現學習力、活動力、競爭力與文化力，成為有信心、會思考的年輕人。另外對於遭併校或停辦後之校園不應再令其閒置荒廢，而應去思考閒置的校園空間應如何規劃活化，藉由校園閒置空間活化作業模式之建立，擬定校園閒置空間活化計畫，為閒置校園空間活化再造新活力與價值。基於此，本研究主要在瞭解中部五縣市國民中學校園閒置空間現況、校園空間活化情形，並探討教育行政當局與學校對校園空間活化之活化策略，希望所提建議能提供給教育行政機關、學校及教師規劃校園閒置空間活化之參考。

貳　文獻探討

以下分別從校園閒置空間之概念分析、校園閒置空間活化之意涵，以及國內校園閒置空間活化之相關研究加以分析。

一、校園閒置空間之概念分析

在探討校園閒置空間的概念之前，有必要瞭解閒置空間的概念。閒置空間係指結構體安全無虞的建築物、場所或是空間，因時代的轉變，使用上的改變，機能式微，使用人數減少、規劃設計不良、或長時間無人使用，導致空間失去原有的功能，又因停止使用、不被使用或無人經營管理及維護，而產生閒置與荒廢（李佩茹，2012；湯志民，2008）。而這些閒置空間都具有特有的文化風格、歷史價值、藝術美學等特殊氛圍，可透過修復、轉換或添加某些零件而保存建築物特徵

使成爲可使用的空間，同時能依照當地人民生活、歷史與文化需求，再活化發展成爲其他功能或文化產業的空間（陳柏宗，2017；Craven，2019）。

另外，綜合陳麗杏（2015）、張嘉原（2006）以及湯志民（2008）的觀點，校園閒置空間係指因少子女化、人口外移、經濟結構體的改變、鄰近地區成立新學校、自然災害造成學生人數減少，導致減班，甚至停辦。此外，地處偏遠地區因人口流失、學校進行遷校造成整個校園廢棄、建校時校園未妥善規劃導致設計不佳、缺乏維護及管理使用不當、不符合建築法規、維護經費不足、校舍老舊不堪使用、年久失修，致使校園使用頻率低、或使用效能不彰、少用、未用或長期不被使用，也往往會產生遭閒置、廢棄之校園空間。

二、校園閒置空間活化之意涵

有關校園空間活化的意義，各家說法不盡相同。例如：Craven（2019）提出校園閒置空間活化是將已過時的建築物重新用於不同用途或功能，同時保留其歷史特徵的過程。不管校園透過整修、轉化或重建建築物或空間，如何活化才是重點。活化是拯救被忽視的建築物的方法，否則可能會被拆除。適當活化不僅是保護的運動，也是保存記憶的方式，更是拯救地球的方式。藉由活化可以保護自然資源和最大限度地減少對新材料的需求，以美化校園環境。

綜合其他相關文獻（田育昆，2013；李佩茹，2012；林志成，2016；湯志民，2008；顏欣儀，2013），可知校園閒置空間活化應以人及教育爲本質的核心，活化是一種發揮創意與想像，將空間賦予再生的歷程。將少用、不用、廢棄或無效益的校園閒置空間、設施或建築物，尊重空間的獨特性，整合多方的意見，配合學校的教學需求與教育方針，結合社區文化特色與社會資源，並強化空間的安全性、舒適性及性別平等，注重歷史文化、現代化機能及經濟效益等予以活化。藉由校園閒置空間活化，規劃出多元性、多樣性及具教育功能之校園空間價值。不管改變設施、空間與建築物之不同使用目的，適當的活化不僅僅是維護，也是保存記憶，更是拯救地球的方式。帶動社區經濟發展與展

現新生命力,賦予校園空間永續經營。

三、國內校園閒置空間活化之相關研究

由於校園閒置空間活化之啟蒙乃承襲公共閒置空間活化之思維,以及因應當前少子女化所引發之教育衝擊與學校經營的問題,國內所做相關研究數量並不多,而且研究對象都是以國小為主,且以碩士論文居多,博士論文幾乎沒有,故本研究以碩士論文為主要分析內容。研究者整理2005年至2016年之相關研究,有以下發現:(囿於篇幅,不一一臚列各項研究資料,讀者如有興趣,可進一步參考本文第一作者之博士論文):

(一) 研究內容

因校園閒置空間之定義和範圍界定不清楚,尚未有明確且操作型定義作為分類與辨別的依據。大部分的研究內容都先以閒置空間活化之意涵、種類及規劃原則予以研究後,再依教育的本質,衍生以作為校園閒置空間活化之相關定義、種類及設計規劃之闡述。

(二) 研究方法

校園閒置空間活化之相關研究發現,從研究方法而言,多以文獻分析法、資料調查法居多,其次輔以訪談法;訪談法中以半結構訪談較多。故本研究採用文獻分析、問卷調查,以及半結構訪談為主要研究方法。

(三) 研究方向

由於校園閒置空間活化之研究數量不多,且研究方向規劃原則僅針對國民中小學研究個案發展活化之規劃原則與可行之方案,以及活化作業模式之建立,並尚未針對縣市區域性國民中學進行相關研究。

綜上所述,國內有關校園閒置空間活化之相關研究,僅針對國小,且其研究範圍僅針對縣內某幾所學校或個案學校進行問卷調查或訪談,涵蓋的範圍局限於一隅。本研究乃針對中部五縣市之國民中學進

行抽樣調查及訪談，研究之面向較廣，期能裨益國內校園閒置空間活化。

參　研究設計與實施

囿於篇幅，以下扼述本研究之架構、研究對象及研究工具：

一、研究架構

本研究架構，如圖11-1所示。

圖11-1
研究架構

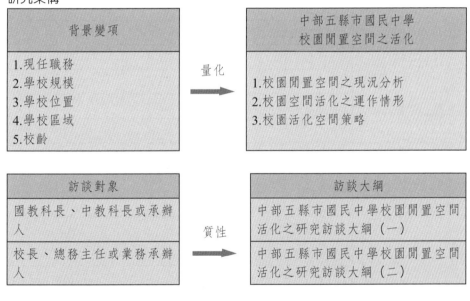

二、研究對象

(一) 問卷調查

本研究以中部五縣市國民中學校園閒置空間活化之學校校長、主任、組長及教師為主要對象，包括臺中市、苗栗縣、彰化縣、南投縣、雲林縣，發出問卷640份，回收625份，回收率為97.6%。抽樣校數及人數分配，如表11-1。

表11-1

正式問卷抽樣校數／人數分配

學校規模	縣市別	抽樣	
		校數	人數
（12班以下）	臺中市	4	32
	苗栗縣	4	32
	彰化縣	3	24
	南投縣	3	24
	雲林縣	3	24
	小計	17	136
（13-24班）	臺中市	7	70
	苗栗縣	1	10
	彰化縣	2	20
	南投縣	1	10
	雲林縣	1	10
	小計	12	120
（25-36班）	臺中市	9	108
	苗栗縣	1	12
	彰化縣	2	24
	南投縣	1	12
	雲林縣	1	12
	小計	14	168
（37-48班）	臺中市	2	30
	苗栗縣	1	15
	彰化縣	1	15
	南投縣	1	15
	雲林縣	1	15
	小計	6	90

表11-1（續）

學校規模	縣市別	抽樣	
		校數	人數
	臺中市	2	36
	苗栗縣	1	18
（49班以上）	彰化縣	1	18
	南投縣	1	18
	雲林縣	1	18
	小計	7	126
總計		56	640

(二) 半結構性訪談

　　本研究為使問卷調查更周延，另輔以半結構式訪談，以瞭解學校推動校園閒置空間活化之現況。訪談對象分為縣市政府承辦閒置空間之科長；另一為中部五縣市有活化經驗之國中校長或承辦人。參與本研究訪談之專家學者共2位政府官員、7位國中校長及1位主任，名單如表11-2所示。

表11-2
中部五縣市國民中學校園閒置空間活化之分析訪談對象表

代號	稱謂	代號	稱謂
受訪者A	政府官員	受訪者B	國中校長
受訪者C	政府官員	受訪者D	國中校長
受訪者E	國中校長	受訪者F	國中校長
受訪者G	國中主任	受訪者H	國中校長
受訪者I	國中校長	受訪者J	國中校長

三、研究工具

(一) 調查問卷

本研究參考田育昆（2013）之研究，並參酌中部五縣市校園閒置空間計畫要點編製問卷初稿，並委請國內相關領域之專家學者共4位、1位政府官員及5位現職之高國中小學校長，協助進行專家效度審核與適切性評估。

(二) 訪談大綱

本研究訪談的對象共10人，包括2位科長、7位校長、1位主任。委請10位專家學者及校長協助進行兩份訪談大綱專家效度審查，最後發展成正式訪談大綱。

肆　研究結果

一、中部五縣市國中校園閒置空間之現況

根據中部五縣市國民中學校園閒置空間現況之問卷調查分析，校園較容易產生閒置空間之區域，經整理歸納後，其結果分述如下：

1. 教學區：(1)普通教室；(2)專科教室；(3)社團教室。
2. 服務區：(1)宿舍；(2)儲藏室；(3)合作社。
3. 文化活動區：(1)視聽教室；(2)小型劇場；(3)文化走廊。
4. 行政區：(1)校史室；(2)校友會辦公室；(3)檔案室。
5. 體育設施區：(1)樂活教室；(2)重訓室；(3)韻律舞蹈教室。
6. 通道區：(1)地下室；(2)樓梯間；(3)川堂。
7. 校園戶外區：(1)涼亭；(2)開心農場；(3)童軍營地。

其次，根據訪談較容易產生校園閒置空間的地方為普通教室、專科教室、廁所、合作社、宿舍及涼亭。

經進行文獻探討、問卷調查與訪談結果分析與綜合討論，校園的區域較容易產生閒置的空間，依序為：1.普通教室；2.專科教室；3.宿舍；4.合作室；5.儲藏室；6.廁所；7.涼亭。

　　另外，研究發現造成校園閒置空間的主要原因爲：1.少子女化，導致入學人數減少，使得閒置空間逐年增加；2.地處偏遠地區，人口流失產生閒置空間；3.經濟結構體的改變；4.新設校；5.自然災害。

　　綜合文獻分析、問卷調查及訪談資料，造成校園閒置空間有許多的原因，研究者將之歸納爲下列五個主要因素：

1. 少子女化導致入學人數驟減，使得閒置空間逐年增加。
2. 地處偏遠地區，人口流失嚴重產生閒置空間。
3. 經濟結構體的改變，影響年輕世代的想法。
4. 新設校，都更產生新社區，人口增加，成立新學校。
5. 自然災害，因風災、地震等自然災害的產生，使得學校必須遷校。

　　關於中部五縣市國中校園閒置空間活化實施成效評估分析，此題爲5分量表，分爲非常滿意、滿意、部分滿意、不滿意及並未規劃活化等。就李克特氏（Likert Type）之五點量表而言，單題平均分數爲3分。受試者的單題平均分數若高於3分，表示其反應意見愈趨於滿意。相反的話，若受試者單題平均分數低於3分，即表示其在量表上的反應意見愈不滿意。本成效調查平均分數爲3.62，表示受試者對於成效滿意屬於中高程度的滿意度。其次，成效評分集中在滿意占45%、部分滿意占34.7%；而非常滿意又高於不滿意約7%，其中非常滿意占13%，而不滿意占6%。綜上所述，就平均數分析及次數分配表整體而言，中部五縣市國中校園閒置空間活化實施成效應屬於「滿意」等級。

二、校園閒置空間活化之情形

　　研究發現校園閒置空間活化之決定方式較佳者，以由校園規劃小組（37.8%）進行活化規劃之決定較佳的百分比最高，其次依序爲校務會議（31.5%）、行政會議（20.3%）、師生及社區民眾（5.6%）及校長（4.8%）。

　　由此可知，校園閒置空間活化決定較佳之規劃以校園規劃小組運作爲最佳之方式，其次爲校務會議及行政會議策略之運作較佳居多，校長決定較佳爲最少。

另外，五縣市國中校園閒置空間活化最主要困難點，依序為因人力及財力的資源缺乏（484）、因維護不易（328）、先期規劃欠周詳（277）、對空間認識不足（144）、因法令規定限制（123）、因經營管理不當（116）、無法配合教學需求（101），以及因決策小組執行理念不同（76）。

此外，在訪談中也發現縣市政府及學校在推動校園閒置空間活化有其困難。就縣市政府的困難點而言，中央機關僅對外公布校園閒置空間活化的注意事項，並沒有法令規定推動多元活化，另外經費補助的部分，各縣市的財政都不充裕，中央並沒有制定維護人員及經費的補助計畫。對於教育部有補助的專案，會每月召開列管會議，比如說重大工程、防水隔熱、校舍補強及老舊校舍重建等，同時縣市政府也會召開列管會議。然經費補助的部分，各縣市的財政都不充裕，對於校園閒置空間活化後的人力及財力的資源較缺乏，維護較為困難。

其次，就學校的困難點而言，學校推動校園閒置空間活化碰到的困難點是碰到地方人士向縣市政府施壓，使得校園閒置空間活化更加不易。再者，校園閒置空間活化前的討論與建立共識相當重要，有助於日後順利推動。

三、校園閒置空間活化之策略

以國中校園閒置空間活化策略之重要性情形觀之，各題項得分由高而低依序為「營造學校特色」（M=3.50）、「符合不同需求」（M=3.47）、「永續經營」（M=3.39）、「創造空間自身價值」（M=3.32）、「學校與社區緊密結合」（M=2.84）、「與同業與異業結盟」（M=2.77）。其中「與同業與異業結盟」屬於中程度外，「營造學校特色」、「符合不同需求」屬高程度；另「永續經營」、「創造空間自身價值」、「學校與社區緊密結合」屬於中高程度。從分析結果發現，國中校園閒置空間活化策略之重要性屬於中高程度。

再者，以校園閒置空間未來校園可再行規劃之活化方式調查，依序為可規劃為教學區（466）、可規劃為運動休閒空間（275）、可規劃為其他功能空間（238）、可規劃為會議聯誼空間（144）、可規劃為行政區（120）、可規劃為服務區（986）。

　　由上可看出校園閒置空間容易產生地點爲普通教室、專科教室，爲符合空間運用之未來性，而重新規劃教學區，以符合新課綱校本特色課程與班群教學、彈性教學空間之設計，以及彈性課程實施時運用。

　　此外，根據中部五縣市國中校園閒置空間開放社區使用未來可再規劃之活化方式，依序爲美感或藝文教育（314）、社會教育機構（271）、休閒運動型（230）、地方發展（174）、一般辦公處所（104）、社會福利設施（97）、幼兒教育（91）、實驗教育（82）、學校宿舍（53）、社區集會（49）、觀光服務設施（25）、配合政策（5）。

伍　結論與建議

一、結論

　　依據本研究結果的主要發現，分別就國民中學校園閒置空間的現況、校園閒置空間活化的情形及閒置空間活化策略和未來活化方向，依序說明以下結論：

(一) 校園區域較容易產生閒置狀態的空間有：1.普通教室；2.專科教室；3.宿舍；4.合作社；5.儲藏室；6.廁所；7.涼亭。

(二) 校園閒置空間活化情形

　1. 校園閒置空間活化實施成效達滿意等級。

　2. 校園閒置空間現況與少子女化、人口外移、經濟結構體改變、新設校及自然災害有極大相關性。

　3. 校園閒置空間活化策略之運作狀況

　　(1)由行政會議決定規劃活化方式爲最多。

　　(2)由校園規劃小組決定規劃活化方式爲最佳。

　4. 推動校園閒置空間活化最主要的困難點

　　(1)明確立法及經費補助。

　　(2)維護的人力及財力。

　　(3)決策小組執行理念不同。

　　(4)先期規劃欠周詳。

(5)行政單位的支持。

(6)意見的整合。

(7)長遠的規劃，達到永續經營的目的。

(三) 校園閒置空間活化策略及未來活化方式

1. 校園閒置空間活化策略之重要性，以「營造學校特色」、「符合不同需求」及「永續經營」為最重要。

2. 校園閒置空間未來再規劃之方式，以「教學區」、「運動休閒空間」及「會議聯誼空間」及「其他功能空間」為主要訴求。

3. 校園閒置空間活化未來可再規劃開放社區使用之方式，以「美感或藝文教育」、「社會教育機構」、「休閒運動類型」、「幼兒教育」及「實驗教育」為主要訴求。

二、建議

根據文獻探討以及研究結果，本研究分別針對中央層級、地方行政機關、學校行政等三個面向，提出幾點具體建議，茲分述如下：

(一) 對中央層級的建議

1. 擬定校園閒置空間活化相關法令

依據研究結果發現行政院活化閒置公共設施專案小組決議，教育部對於中、小學停辦、廢校後產生之剩餘校舍處理，因涉及教育政策，請教育部每月自行督導列管。且有些裁併校相關法令需與國有財產局、內政部整合，建立一套完善的規則，讓基層能夠瞭解及遵守。依據研究者訪談中，受訪者提出中央應能夠擬定相關餘裕空間活化之法令規章及管理原則並立法，讓地方政府及需求之相關單位能有所依循。

2. 提供校園閒置空間活化的維護、人力及財力的專案補助計畫

依據研究結果指出教育部已訂定處理原則與成立專案小組每月召開列管會議，並設置國民中小學空間活化再生資源網站，督導地方政府逐案列管，並協助確認活化方針。但對於經費補助的部分，中央得每年度依需要籌措經費，支應校園閒置空間活化的專門人力、經營與維護管理之必要支出，讓校園得以重新規劃，不至於讓活化延宕，甚或造成二度閒置。所以人力及財力的補助，才能使活化達到永續經營之目標。

(二) 對縣市政府的建議

1. 定期辦理空間活化之相關研習計畫或觀摩活動

依據研究結果發現縣市政府應積極協助各校發展特色，定期辦理空間活化之相關研習計畫、觀摩活動及成功案例分享，請學校派員參加，以提升執行活化之教育人員專業知能，減少學校行政作業的負擔，有助於空間活化計畫之順利執行。增能研習能讓學校在研擬活化計畫時，能兼顧教學品質、學生的需求、社區的文化背景，能塑造校園整體性的空間設計，符應學校未來發展的願景。整個活化計畫藉由行政的規劃、教師的共同討論、家長及社區的共同參與，使活化計畫的空間能供大家使用。

2. 制定對學校執行閒置空間活化之管考及追蹤機制

依據研究結果指出縣市政府除頒布活化要點，也可藉由網站公告校園閒置空間之相關訊息，以提供政府機關或民間單位認養。同時應制定檢核機制，以盡監督之責。定期或不定期評鑑活化後經營與維護管理情形與成效，以維持活化後空間的基本使用率、維護空間的安全性、使用者的需求性及定期檢修減少設施的損耗，以降低維修費用。並透過檢核機制，推薦績優學校與優良執行人員，也可發現經營與維護管理不利之學校，介入予以輔導，避免活化空間再度閒置。

3. 落實校園閒置空間活化獎勵辦法

依據研究結果指出受訪者敘述對於校園閒置空間活化，並沒有實際的獎勵措施。為鼓勵學校推動校園閒置空間活化，縣市政府應明定校園閒置空間活化獎勵辦法，不管是學校內部進行的校園閒置空間的活化，或是與企業及社會團體結合的閒置空間的活化，只要推動校園閒置空間多元活化有功人員，及經由檢核機制推薦之績優學校與優良執行人員，都應予以獎勵。讓學校成員動起來，讓空間活化策略永續經營。

4. 適時召開跨局處室協調會議，推動校園閒置空間之活化

依據研究結果指出主管機關不應只以經濟效益為考量，而是要優先考量家長的教育選擇權與學生的受教權。對於不同局處室的相關機構及產業申請校園閒置空間活化專案，政府機關應成立推動跨局處室之閒置空間工作小組，整合相關局處室或所屬鄉鎮市公所之活化方式與類

型，分門別類與管理，定期適時召開各局處協調會議，委請高層長官主持協調會議，以教學為優先的前提下，討論與決定活化專案的可行性，讓空間活化專案能順利通過確實執行，才能達到縣市政府推動方案之目標。

5. 強化學校與外租單位異業結盟的公開平臺機制

依據研究結果指出非教育單位租用校園閒置空間媒合不易，應由縣市政府統一窗口辦理。若政府能鼓勵業者與學校結盟，配合政府推動之空間活化政策，讓企業進駐投資或贊助校園閒置空間活化。縣市政府應成立協助處理學校校園閒置空間活化的團隊與配套模式的專責單位。對於非教育單位租（借）用校園閒置空間活化時，應到有校園閒置空間的學校訪視與溝通討論，才有辦法解決校園閒置空間的活化，而不是讓學校直接面對各個機關及非政府單位的申請，一再的溝通與協調，增加學校的困擾。此外縣市政府應架設網路平臺，讓所有校園閒置空間的資料，可以公開、透明呈現在網站上，委由縣市政府專責單位辦理，協助及整合校園閒置空間活化，並推動學校與外租單位的結盟，創造空間新價值，才能確實讓校園空間活化發揮最大的效果。

(三) 對學校的建議

1. 定期申報校園閒置空間，建立明確可行之校園閒置空間活化策略

依據研究結果發現學校因少子女化，生員減少，校園閒置空間增加，教育部推動之活化政策，希望學校能發揮創意加以活化，能豐富學校特色風貌。學校應適時盤點與統計校內閒置空間，定期申報閒置空間活化之狀況。對校園閒置空間的活化做整體規劃，並建立明確可行之校園閒置空間活化策略，澈底遵守縣市政府校園閒置空間活化實施要點，做有效能的規劃，同時檢討活化情形，做滾動式修正與調整。同時要避免校園閒置空間再度閒置的可能性，應事先預防與進行妥善的整體規劃、管理及維護，避免閒置空間二度閒置，才能讓校園空間活化永續經營。

2. 妥善規劃校本特色課程以符應新課綱之精神

從本研究文獻、量化及質性研究分析討論中發現，學校容易產生閒置空間以教學區而言，以普通教室、專科教室及社團教室為多；其次在活化策略以學校特色、符合不同需求及永續經營等為重要策略。故以新課綱重在校本特色，以彈性課程規劃與在地特色，考量學生生活情境以主題活動專題討論為議題、跨領域整合部定、校訂議題課程、社團發展、班群班際聯誼活動或校際活動及戶外教學課程等。運用SWOTS分析、盤點學校特色利基及學校閒置空間，加以規劃活化之。

3. 積極及自發性向政府申請補助閒置空間的計畫經費辦理活化

依據研究結果指出學校應以積極及主動的態度，申請公部門所推動之校園閒置空間活化方案之相關計畫。為了學校的生存，這是危機也是轉機。參考其他學校實施閒置空間活化之優缺點，研擬相關配套措施與方案計畫。藉此提升教師的動能或工作成熟度，改變學校風貌，才能扭轉局勢，帶給學校新氣象。學校可依閒置空間做整體性的規劃，考量教育性、安全性、經濟性、創造性及性別平等，分階段、逐步申請，讓學校永續經營，達到學校多元化發展的目標。

4. 校園閒置空間活化策略經由行政會議提議，校務會議表決，校園規劃小組執行為最佳之決定方式

根據研究結果指出，中部五縣市國中校園閒置空間活化策略運作情形分析，雖以行政會議組織運作活化決定最多，經過實際活化運作過程檢討之後，發現以成立校園規劃小組決定為最佳之方式。其運作過程為首先於行政會議中提議，其次在校務會議中全校表決，最後交付校園規劃小組做最後的整合與規劃。校園規劃小組的成員為校長、主任、教師會代表、級導師代表、領域教師代表、學生代表、家長代表、專家學者及社區人士等組成，共同參與整體的討論與規劃。

5. 訂定之場地租借辦法，確立有償與無償之條件及事項

依據研究結果指出一般學校會依照縣市政府規定訂立場地租借辦法，對於有償與無償之條件與事項應明確制定，作為使用或租借學校場地之依據。且確實按照辦法執行，以不影響學校教學活動的進行與師生安全的前提下，妥善管理並對外開放空間場域的租借，增加學校收入的

財源、分攤校園內設備維修的費用。所以學校在資源有限的情況,對管理與維護活化空間場域或地方產業的租借申請程序,一定要依法秉公處理,按照一定程序完成租借手續,不要因有所偏頗,因人設事,壞了規章。

6. 發揮開放與分享之精神與社區緊密結合

依據研究結果發現社區的人力、物力或經濟,皆蘊藏著龐大與珍貴的資源,學校可緊密結合地方機關或社區,與社區建立良好的夥伴關係,彼此溝通想法與理念,善用社區資源,帶動社區的參與。學校不僅可發展地方特色,開創社區的經濟命脈,讓社區民眾與家長能夠放心,並可強化與社區居民對學校的認同感與向心力。如遇活化經費不足時,學校可以透過社區資源的協助,解決經費不足的困境,完成學校的活化計畫,對於學校推動校園閒置空間活化具有很大的助益。

7. 與同業或異業結盟為夥伴關係,多元化行銷學校活動

依據研究結果發現學校應建立強而有力的願景,與同屬教育單位的學校,如國中小、高中職或大專院校結為夥伴關係,讓新資源的注入,強化學校多元化的教學活動。根據訪談中的某國中利用寒暑假辦理育樂營、課後輔導、課後社團與工作坊,藉此讓孩子的學習更豐富、多元,提升學校的競爭力。學校亦可配合政府推動之空間活化政策,結合民間團體資源,在不影響學校教學前提下,共同合作或租借用學校所提供之閒置空間,讓企業進駐投資或贊助校園閒置空間活化,讓學校與非教育單位之業者結盟為夥伴關係,行銷學校之活動,讓教育的夥伴更多元。學校不但可獲得活化校園閒置空間的經費,又可增添校園新活力,成為學校發展的特色,強化學校招生的優勢。

參考文獻

（一）中文部分

田育昆（2013）。校園空間活化之意義價值、省思與策略。竹縣文教，92-96。

李佩茹（2012）。**新北市校園閒置空間再利用用後評估之研究——以三所國小爲例**（未出版之碩士論文）。國立政治大學。

林志成（2016）。發展卓越特色學校創新教育新價值。載於**特色學校故事與校園空間活化專輯**，14-15。臺中市：教育部國教署。

陳麗杏（2016）。**國民小學校園閒置空間活化再利用之研究：以高雄市三所個案學校爲例**（未出版之碩士論文）。南華大學。

陳柏宗（2017）。活化閒置空間爲高齡者日間照顧據點之研究。**內政部建築研究所委託研究報告**。

張嘉原（2006）。學校閒置空間再利用之初探。載於國立教育資料館、中華民國學校建築研究學會、中臺科技大學文教事業經營研究所（主編），**友善校園規劃與經營**，95-107。臺北市：國立教育資料館。

湯志民（2008）。校園閒置空間再利用之探析。**校園建築與運動空間活化再利用研討會論文集**，臺北市政府教育局、中華民國學校建築研究學會（主編），3-63。

顏欣儀（2013）。**高雄市因應人口結構變遷下小學校園空間資源再利用之研究**（未出版之碩士論文）。國立中山大學。

（二）英文部分

Craven, J. (2019). *Giving old buildings new life through adaptive reuse*. April 18, 2022, https: www.thoughtco.com

問題與討論

一、請您說出對校園閒置空間活化的重新定位與發展。

二、國內推動校園閒置空間活化的策略是否完善？

三、學校應如何活化校園閒置空間？

國家圖書館出版品預行編目資料

教育政策與前瞻教育實務／吳清基，盧延根，
謝念慈，林子超，陳盈宏，郭怡立，張明
文，顏國樑，葉佐倫，許籐繼，范熾文，紀
惠英，陳碧卿，劉國兆，林立生，陳明君，
許淑酌，楊振昇合著；吳清基主編. ——初
版. ——臺北市：五南圖書出版股份有限公
司，2024.02
　　面；　公分
　　ISBN 978-626-366-974-1 (平裝)

1.CST: 教育政策　2.CST: 教育行政
3.CST: 文集

526.07　　　　　　　　　　112022927

1I82

教育政策與前瞻教育實務

主　　　編 ― 吳清基

作　　　者 ― 吳清基、盧延根、謝念慈、林子超、陳盈宏
郭怡立、張明文、顏國樑、葉佐倫、許籐繼
范熾文、紀惠英、陳碧卿、劉國兆、林立生
陳明君、許淑酌、楊振昇

發 行 人 ― 楊榮川

總 經 理 ― 楊士清

總 編 輯 ― 楊秀麗

副總編輯 ― 黃文瓊

責任編輯 ― 陳俐君、李敏華

封面設計 ― 封怡彤

出 版 者 ― 五南圖書出版股份有限公司

地　　　址：106臺北市大安區和平東路二段339號4樓

電　　　話：(02)2705-5066　　傳　　真：(02)2706-6100

網　　　址：https://www.wunan.com.tw

電子郵件：wunan@wunan.com.tw

劃撥帳號：01068953

戶　　　名：五南圖書出版股份有限公司

法律顧問　林勝安律師

出版日期　2024年2月初版一刷

定　　　價　新臺幣460元

經典永恆・名著常在

五十週年的獻禮 —— 經典名著文庫

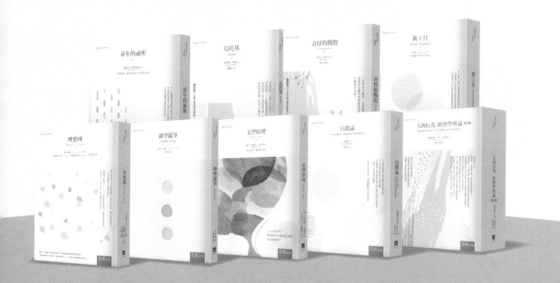

五南，五十年了，半個世紀，人生旅程的一大半，走過來了。
思索著，邁向百年的未來歷程，能為知識界、文化學術界作些什麼？
在速食文化的生態下，有什麼值得讓人雋永品味的？

歷代經典・當今名著，經過時間的洗禮，千錘百鍊，流傳至今，光芒耀人；
不僅使我們能領悟前人的智慧，同時也增深加廣我們思考的深度與視野。
我們決心投入巨資，有計畫的系統梳選，成立「經典名著文庫」，
希望收入古今中外思想性的、充滿睿智與獨見的經典、名著。
這是一項理想性的、永續性的巨大出版工程。
不在意讀者的眾寡，只考慮它的學術價值，力求完整展現先哲思想的軌跡；
為知識界開啟一片智慧之窗，營造一座百花綻放的世界文明公園，
任君邀遊、取菁吸蜜、嘉惠學子！